유두고 추락사건의 원인과
책임은 누구에게 있는가?

엘림북스는 목회자와 연구자 그리고 평신도들의 의미 있는 기록들을 전문적으로 출판하는 세움북스의 임프린트입니다.

유두고 추락사건의 원인과 책임은 누구에게 있는가?

초판 1쇄 인쇄 2025년 12월 5일
초판 1쇄 발행 2025년 12월 10일

지은이 | 이용철
펴낸이 | 강인구

펴낸곳 | 엘림북스
등 록 | 제2014-000144호
주 소 | 서울시 종로구 대학로 19 한국기독교회관 1010호
전 화 | 02-3144-3500
이메일 | holy-77@daum.net

디자인 | 참디자인

ISBN 979-11-93996-64-5 (03230)

* 이 책은 신저작권법에 의하여 국내에서 보호를 받는 저작물입니다.
  출판사의 협의 없는 무단 전재와 무단 복제를 엄격히 금합니다.
* 책 값은 뒤표지에 있습니다.
* 잘못된 책은 교환하여 드립니다.

사도행전으로 준비하는 여름단기선교, 아마존을 가다

유두고 추락사건의 원인과 책임은 누구에게 있는가?

글쓴이 **이용철**

엘림북스

머릿말

성경공부를 함께한 집사님 한 분이 지난해 여름 아마존에 단기선교를 다녀온 이야기를 하시며 마지막 남은 삶을 선교하면서 살고 싶은 소망이 생겼다며 이번 여름단기선교에 꼭 같이 가자고 권유하셨습니다. 준비하고 함께 가려던 아들 유빈이의 여름방학 계획을 마지막까지 기다리다가 정원이 다 차 버려 마음에 큰 실망이 있었지만 불가피한 결원으로 추가로 선정되어 감사하게도 늦게나마 선교팀에 합류하게 되었습니다. 이때 천국행 마지막 기차를 타게 되어 너무 기쁘다고 아마존 선교팀원들에게 인사를 했었습니다. 청년 때 캄보디아로 단기선교를 다녀오면서 매년 선교를 가리라 다짐하였지만 결혼과 사업체 운영, 육아 등으로 시간을 내기가 어렵다는 핑계로 그 약속을 지키지 못하고 이십 여 년이 훌쩍 지난 이제서야 아마존으로 단기선교를 가게 되었습니다. 이러한 이유로 나중은 없을 것이며 이번이 마지막이라는 마음가짐을 가지게 되는 계기가 되었습니다.

팀에 늦게 합류하게 되어 특별히 맡겨진 임무가 없었기에 내가 해야 할 것이 무엇일까 고민하던 중 가기 전까지 읽어야 하는 사도행전을 묵상하고 아마존에서 만날 영혼들과 사역자들과 선교팀원들을 위한 기도에 매진할 것을 다짐하게 되었습니다. 큐티형식을 통하여 사도행전을 읽고 묵상하는 가운데 주님께서 은혜를 부어 주셔서 그 감동을 주체할 수 없어 함께 가는 팀원들에게 나누기를 원해 묵상한 사도행전을 매일 단톡방에 공유하게 되었고, 은혜로 사십 개의 글을 완성하게 되었습니다. 말씀 속에서 전도여행을 가기전에 준비해야 할 것들과 주의점을 주님께서 말씀해 주십니다. 이것을 전도여행을 가고자 하는 분들과 공유하기 위해서, 예수님을 닮고 싶은 평범한 평신도가 그 사랑에 못 이겨 그 사랑을 전하고자 갔던 아마존 선교여행을 준비하면서 받은 말씀의 은혜를 계속 기억하며 살아가기 위해 이 책을 내게 되었습니다

글쓴이

목차

머릿말 5

Amazon QT 1	행1:1-11 • 하나님을 사랑하는 자에게 약속해 주시는 말씀	10
Amazon QT 2	행1:12-26 • 우리는 그 뜻을 모르지만 하나님께서 맛디아를 리더로 택하셨다	13
Amazon QT 3	행2:1-13 • 우리는 새 술에 취한 갈릴리 사람들	15
Amazon QT 4	행2:14-47 • 내 마음이 기뻐하였고, 내 혀도 즐거워하였으며	18
Amazon QT 5	행3:1-26 • 베드로가 피끓는 목소리로 하고자 하는 말	20
Amazon QT 6	행4:1-31 • 한마음으로 하나님께 소리를 높여 이르되	23
Amazon QT 7	행4:32-5:11 • 바나바 vs 아나니아와 삽비라	25
Amazon QT 8	행5:12-42 • 그 이름을 위하여 능욕받는 일에 합당한 자로 여기심을 기뻐하면서	27
Amazon QT 9	행6:1-15 • 그 얼굴이 천사의 얼굴과 같더라	30
Amazon QT 10	행7:1-60 • 스데반의 순교 이유, 사명과 듣기 싫은 바른말	32
Amazon QT 11	행8:1-25 • 마술사 시몬이 돈으로 구하고자 한 성령안수 능력	35
Amazon QT 12	행8:26-40 • 전도는 빌립처럼 성령의 도우심으로 자연스럽게	38
Amazon QT 13	행9:1-31 • 너는 내 이름을 전하기 위하여 택한 나의 그릇	40
Amazon QT 14	행9:32-10:8 • 고넬료를 아시나요?	43
Amazon QT 15	행10:9-48 • 나와 같은 이방인이 구원을 받을 수 있었던 사건	45
Amazon QT 16	행11:1-30 • 안디옥교회와 크리스천	47

Amazon QT **17**	행12:1-25 • 헤롯, 피조물이 하나님의 자리에 앉으려 하면 사망뿐	50
Amazon QT **18**	행13:1-12 • 주가 불러 시키는 일을 위하여	53
Amazon QT **19**	행13:13-33 • 너는 내 아들이라 오늘 내가 너를 낳았다	55
Amazon QT **20**	행13:34-52 • 제자들은 기쁨과 성령이 충만하니라	58
Amazon QT **21**	행14:1-28 • 복음을 전하는 목적은	61
Amazon QT **22**	행15:1-35 • 이방인으로서 믿는 우리에게 면제된 것과 금지된 것	64
Amazon QT **23**	행15:36-41 • 서로 심히 다투어 피차 갈라서니	67
Amazon QT **24**	행16:1-40 • 주 예수를 믿으라 그리하면 너와 네 집이 구원을 받으리라	71
Amazon QT **25**	행17:1-9 • 재이슨을 위로하며	74
Amazon QT **26**	행17:10-34 • 하나님을 더듬어 찾아 발견하게 하려 하심이로되	77
Amazon QT **27**	행18:1-17 • 분풀이로 두들겨 맞은 소스데네	80
Amazon QT **28**	행18:18-19:7 • 요한의 세례와 성령세례	84
Amazon QT **29**	행19:8-41 • 주의 말씀이 힘이 있어	87
Amazon QT **30**	행20:1-12 • 유두고 추락사건의 원인과 책임은 누구에게 있는가?	90
Amazon QT **31**	행20:13-38 • 예루살렘으로 가는 것이 나에게는 무엇인가?	93
Amazon QT **32**	행21:1-40 • 말리는 제자들과 죽을 각오로 가는 바울	96
Amazon QT **33**	행22:1-23 • 바울은 누구이며 나는 누구인가?	99

Amazon QT **34**	행22:24-30 • 위로하는 한국인과 안전을 보장받는 미국 시민권 102
Amazon QT **35**	행23:1-35 • 말씀을 기록하였으되, 말씀이 기록되었으되 105
Amazon QT **36**	행24:1-27 • 재판정에서 나사렛 예수와 부활을 부인하지 않는 담대함 108
Amazon QT **37**	행25:1-27 • 바울이 로마에 가게 된 이유 111
Amazon QT **38**	행26:1-32 • 내 말을 듣는 모든 사람도 나와 같이 되기를 원하나이다 114
Amazon QT **39**	행27:1-44 • 네가 가이사 앞에 서야 하겠고 117
Amazon QT **40**	행28:1-31 • 하나님의 나라를 전파하여 119

부록

아마존에서 전해온 선교사님의 편지 • 아마존 강가에서, 선교사 이진석/정은숙 122

아마존의 발자국 • 선교사님을 생각하며, 허진용 124

아마존 단기선교와 나의 삶 • 상파울로 영광교회, 김일안 125

너희 안에서 행하시는 이는 하나님 • 포르투갈어 예배에서의 간승, 원빈시 128

우리의 부르심 • 에티오피아로 떠나는 평신도선교사, 엄기현/김혜라 131

함께 나눈 글 133

맺음말 141

사도행전 1:1-11

하나님을 사랑하는 자에게 약속해 주시는 말씀

'하나님을 사랑하는 자'라는 뜻을 가진 데오빌로 각하에게 헌정하는 글로 시작되는 사도행전 1장은 예수님의 가르치심의 시작부터 사도들에게 하나님의 말씀을 전하시고 승천하신 일을 기록한 이후의 내용임을 이야기하고 있습니다. 부활하신 예수님이 제자들에게 예루살렘을 떠나지 말고 하나님이 약속하신 것을 기다리라고 명하십니다. 성령세례를 받을 것을 말씀하시고 하나님의 약속을 제자들에게 알려 주십니다. "오직 성령이 너희에게 임하시면 너희가 권능을 받고 예루살렘과 온 유대와 사마리아와 땅끝까지 이르러 내 증인이 되리라"(8절).

데오빌로는 이천여 년 전 로마의 권력자로만 알고 있었는데 그 이름의 뜻을 보면 '하나님을 사랑하고 사랑받는 자'로 나를 포함하여 우리 믿음의 형제자매들에게 들려주는 이야기라는 것을 느끼게 됩니다. 예수님께서 부활하신 후 하나님으로부터 우리에게 꼭 전달하고 싶으신 말씀이 있으셨네요. 꼭 전달하고 싶은 말씀을 듣기 위해 준비하고 예루살렘에서 기다리라고 하셨고 그 말씀이 우리에게 주시는 약속이었습니다. 명령인 줄 알았던 이 말씀이 약속이라는 것을 알게 됩니다. 내가 무엇인가를 해야 한다는 것이 아니라 하나님을 사랑하고 사랑받는 우리에게 성령이 임할 것이고 우리가 권능을 받고 땅끝까지 이르러 예수님의 증인이 되리라는 약속의 말씀이라는 것을 오늘 다시 알게 됩니다. 기쁨으로 신청하게 된 이번 아마존 단기선교는 의무가 아니라 하나님의 약속이었습니다. 예수님을 믿음으로써 성령이 임하였고 또한 권능을 이미 받았으며 그냥 운명적으로 땅끝에 가면 나는 예수님의 증인이 되는 것이었습니다. 가는 그 자체가 예수님의 증인이 되는 것입니다.

좀 더 열심히 준비하여 주님의 약속의 말씀을 온전히 누리는 기회가 되기를 간구하며 철저히 준비하고 갈 수 있는 마음을 허락하시고 치밀한 계획에 따라 잘 준비할 수 있기를 기도합니다. 우리를 만날 영혼의 축복을 위해 기도하기 원합니다. 고 목사님 및 준비하시는 리더분들의 영육간의 강건함을 위해 기도하기 원합니다. 동역자 감 집사님의 눈 수술 회복을 위해 기도하기 원합니다.

● 올라/오이 : Hello/Hi

Amazon QT 2

사도행전 1:12-26

우리는 그 뜻을 모르지만 하나님께서 맛디아를 리더로 택하셨다

마가의 다락방에서 열한 명의 제자와 예수님의 가족 등 백이십 명의 믿는 자들이 오로지 기도에 힘쓰고 있었을 때 가룟 유다를 대신할 사도를 뽑게 됩니다. 항상 함께 다니던 사람 중에 추천된 바사바 요셉과 맛디아 중 봉사와 사도의 직무를 대신할 자를 주님께서 선택해 주셨고, 그 결과 맛디아가 열한 사도의 수에 들어가게 됩니다.

바사바 요셉과 맛디아가 어떤 인물인지 찾아보았습니다. 두 사람 모두 예수님을 잘 따르는 자들이었고, 인품과 신앙이 매우 좋았던 것으로 보입니다. 예수님의 세례부터 승천하실 때까지 함께 다니며 예수님의 부활을 증언할 수 있는 자라는 조건을 충족하는 바사바 요셉은 '의로운 사람'이라는 뜻의 유스도라는 별명을 가지고 있었고 '하나님의 선물'이라는 뜻의 맛디아 또한 예수님 곁에서

지속적으로 섬겨왔던 자입니다. 둘 다 충분한 자격이 있어 보입니다. 그런데 왜 하나님께서 맛디아를 사도로 뽑으셨을까 궁금합니다. 이것이 우리가 모르는 하나님의 선택이고 하나님의 선택이라면 우리가 그 권위를 인정해야 할 근거라고 생각합니다. 우리의 선택이 아니며 그곳에 있었던 사람들의 선택이 아니라 하나님의 선택입니다. 대통령은 우리가 선거로 뽑지만 맛디아는 하나님께서 선택하신 것입니다.

아마존 선교여행을 총괄하시는 고현종 목사님, 실무를 담당하시는 이병준 목사님 그리고 모든 행정과 사무를 총괄하는 한동한 팀장님, 이를 도와 궂은일을 도맡아 행하는 김승철 부팀장님 등 우리의 리더분들은 하나님께서 세우신 분들임을 오늘 다시 깨닫게 됩니다. 선교여행 준비와 본여행 시기에 이분들의 리더십에 순종하고 주를 따르듯 하는 것이 나의 바른 마음가짐이자 하나님의 일을 하는 첫 번째 조건임을 다시 되뇌이게 됩니다.

아마존 선교팀 리더분들의 영적 승리와 현명한 판단과 이들의 하나님과의 깊은 교제를 위해 기도합니다. 현지에서 섬기느라 수고하시는 이진석 선교사님과 정은숙 사모님의 영육간의 강건함을 위해 기도합니다. 마가의 다락방에서 백이십 명이 한마음으로 기도한 것처럼 아마존 선교팀이 한마음으로 합심해서 항상 기도할 수 있기를 기도합니다.

● 자우 : Bye

사도행전 2:1-13

우리는 새 술에 취한 갈릴리 사람들

오순절날 믿음의 사람들이 한곳에 모여 기도에 힘쓰고 있을 때 불의 혀처럼 갈라지는 것이 각 사람 위에 임하였습니다. 모두 성령의 충만함을 받고 각기 다른 방언으로 말하기 시작했습니다. 각 지역에서 온 자들이 자기 언어로 복음을 들으니 놀라워하고 어떤 이들은 의혹을 가지고 이 사람들이 새 술에 취했다고 조롱하기도 합니다.

오순절은 출애굽 시 장자의 죽음을 피하게 하신 주님의 은혜를 기리는 유월절로부터 오십 일이 되는 날을 의미하기도 하지만, 예수님이 부활하시고 오십 일이 되는 날로 이날 우리의 교회가 시작되었다고 정의합니다. 성령이 강림하시고 또한 각기 다른 언어를 사용하는 자들에게 복음이 전파되는 첫날입니다. 나에게 성령이 불같이 내려오면 내 입에서 포르투갈어 방언이 술술 흘러나올까? 아무리 생각해 봐도 그렇지 않을 것 같습니다. 그리고 지금에서 한두 번 그런 기적이 일어나는 것이 큰 의미가 있을까라는 생각도 듭니다. 아마존 사람들이 놀라워하고 의혹을 가지고 새 술에 취했다고 우리에 대해 반응하는 것 중 하나가 우리의 입술에서 나오는 그들의 언어일 것입니다. 그 언어가 복음을 전하는 큰 도구인 것입니다. 그렇다면 이번 선교여행을 잘 준비하기 위해서는 필수적인 것이 포르투갈어 습득일 것인데 어제 단톡방에 올라온 포르투갈어 찬양을 들으니 너무 어려워 좌절을 느끼게 됩니다. 이번 선교여행에서 내가 꼭 극복해야 할, 그리고 마지막까지 노력해야 할 것이 포르투갈어 찬양 스무 곡과 기본 생활어 습득이라는 것을 다시 깨닫게 됩니다. 두 달 남은 짧은 시간 동안 여기에 집중할 것을 다시 다짐하게 됩니다. 새 술에 취했다고 조롱받는 갈릴리 사람이 되도록 노력하겠습니다.

우리가 만날 영혼들을 위해 기도하기 원합니다. 이들이 예비되어 있기를, 복음을 듣고 반응할 수 있는 마음의 밭을 허락해 주시기를 기도합니다. 아마존 선교팀원들 한 분 한 분을 위해 기도하기를 원합니다. 시험에 들지 않고 사모하는 마음으로 준비하며 무사히 선교여행을 다녀올 수 있기를 기도합니다.

🌐 아떼 마이쓰 : See you later
　아떼 아망냐 : See you tomorrow

Amazon QT 4

사도행전 2:14-47

내 마음이 기뻐하였고, 내 혀도 즐거워하였으며 육체도 희망에 거하리니

베드로가 유대인과 예루살렘에 사는 모든 사람들에게 선포합니다. 요엘 말씀의 성취가 일어났고 말세에 누구든지 주의 이름을 부르는 자는 구원을 받으리라며 부르짖습니다. 이 땅에 오신 하나님의 아들이시며 다윗의 자손인 나사렛 예수가 죽으시고 부활하신 것은 내 영혼을 음부에 버리지 아니하시며 썩음을 당하지 않게 하시는 구원을 베푸시기 위함임을 당당히 알립니다. 많은 사람들이 회개하여 주님 앞에 나아오게 되었고, 주께서 구원받는 사람을 날마다 더해 주셨습니다.

베드로의 설교를 아마존에 있는 사람들에게 선포할 말씀으로 생각하고 오늘의 말씀을 읽었습니다. 하지만 묵상하는 가운데 이 말씀이 나에게 선포되는 말씀임을 깨닫게 됩니다. 사망 가운데 살 수밖에 없었던 나를 음부에서 건져내시고 구원을 허락하사 나의 마음을 기뻐하게 하셨고 내 혀가 즐거워 하나님을 찬송하고 사망에서 나의 육신을 건져내사 천국에 영원히 거하게 하신 이 복음의 소식이 다시 한번 감동으로 다가옵니다. 언

제나 감사와 기적의 이 복음을 누리며 살아가고 있는 나는 행운아입니다. 하지만 그 비밀을 모르는 아직 추수되지 못한 많은 길 잃은 영혼이 안타까울 따름입니다. 내가 누리고 있는 복을 그들과 나눌 수 있기를 소망합니다. 단 한 명에게라도 이번 선교여행을 통해 복음을 전하여 주님께 돌아오기를 소망합니다.

아마존에 있는 아직 복음을 듣지 못한 영혼을 위해 기도하기 원합니다. 기적처럼 그들이 우리가 전하는 예수님을 받아들이기를 기도합니다. 오늘은 제니 집사님을 소개하고 함께 기도하기를 원합니다. 아마존 선교팀에서 처음으로 뵈었는데 남편과 시누이와 함께 살고 있고 대학생인 딸 도냐는 동부에서 유학 중에 있습니다. 남편과 시누이가 아직 믿지 않는데 구원을 위해 기도하며 도냐가 타지에서 공부와 신앙생활을 잘 감당하기를 기도하고 있습니다.

● 봉지아 : Good morning

사도행전 3:1-26

베드로가 피끓는 목소리로 하고자 하는 말이 나사렛 예수 그리스도의 이름으로 걸으라가 아니고 회개하고 돌이켜 죄사함을 받으라이다.

베드로와 요한은 성전을 향해 나아갑니다. 앉은뱅이가 있어 나사렛 예수 그리스도의 이름으로 걷게 하여 사람들이 찬미하고 놀라워합니다. 베드로는 솔로몬의 행각에서 피끓는 목소리로 살인한 자를 놓아 주고 생명의 주를 죽였다고 유대인들을 비난합니다. 하지만 너희와 관원들이 알지 못하여 한 것이니 이해할 수 있다고 합니다. 그러므로 지금 회개하고 돌이켜 예수님을 믿고 죄 사함을 받으라고 선포합니다.

"은과 금은 내게 없거니와 내게 있는 이것을 네게 주노니 나사렛 예수 그리스도의 이름으로 일어나 걸으라"(6절)는 구절은 참으로 예수님의 능력을 보여 주시고 우리가 주님의 은혜를 구할 때 많이 사용하는 구절임을 알고 있습니다. 그런데 본문을 보면 베드로는 이것에 초점을 맞추고 있지 않음을 알 수 있습니다. 베드로는 구세주 우리 주님을 알아보지 못해 십자가에 못 박혀 돌아가시게까지 한 깨어 있지 못한 유대인들을 향해 피 토하는 심정을 피력하고 있습니다. 유대인들과 그 관원들이 구원자 예수님을 알아보지 못한 것을 이해한다면서 지금이라도 정확히 알아 주님을 받아들여 회개하고 구원을 받으라고 합니다. 혹시 아직 나도 믿음이 잘못되어 다시 오실 예수님을 알아보지 못할까 두렵습니다. 항상 깨어 있어 주님의 다시 오심을 기다리겠습니다.

미국에서 온 우리들에게 은과 금이 있다 여기고 그것을 바라는 아마존 사람들이 있을 것입니다. 하지만 우리가 그들에게 주어야 할 것은 예수님의 능력과 복음이라는 것이 먼저 우리 몸에 배어 나올 수 있도록 준비되기를 기도합니다. 주선 집사님을 아마존 선교팀에서 만나서 반갑습니다.

능수능란하게 포르투갈어 찬양과 율동하시는 것을 뚫어져라 쳐다보면서 참 부러워했답니다. 주선 집사님의 기도를 함께 하기 원합니다. 새로운 마음을 회복하기 원하며 이번 선교가 초심을 회복하는 기회가 되기를 원하고 인디오 한 영혼 한 영혼을 향한 하나님의 놀라우신 계획을 경험하기 원하며 예수님께서 이 땅에 계셨을 때 소외된 자들에게 베푸셨던 참사랑을 인디오 형제자매들에게 주저없이 표현할 수 있기를 기도합니다.

● 보아 따르지 : Good afternoon

Amazon QT 6

사도행전 4:1-31

한마음으로 하나님께 소리를 높여 이르되

사도들이 예수님을 전하는 것에 못마땅한 관리들과 장로가 무슨 권세로 이 일을 행하냐고 묻습니다. 이에 베드로는 '너희 건축자들의 버린 돌'(11절)인 예수님 외에는 다른 이름이 없다고 담대히 말합니다. 병이 나은 자와 함께 있는 사도들에게 비난할 말이 없는 관리들이 예수 이름으로 말하지 말라고 경고하지만 베드로와 요한은 우리가 보고 들은 것을 말하지 아니할 수 없다고 합니다. 이 이야기를 들은 믿는 자들이 한마음으로 하나님께 소리 높여 기도합니다. 그들의 위협함을 굽어보시고 담대히 하나님의 말씀을 전하게 하여 주시며 손을 내밀어 병을 낫게 하시고 표적과 기사가 예수님의 이름으로 이루어지게 하시기를 기도합니다.

 사랑과 영광의 하나님, 저희들이 한마음으로 기도하기를 원합니다. 예수님의 이름으로 감상철 집사님의 눈을 회복시켜 주옵소서. 그가 지난해 아마존에서의 은혜를 잊지 못하여 다시 그곳을 찾고자 합니다. 바울처럼 육신적으로 가시가 있으나 오직 주님의 그 사랑을 다시 체험하고자 이번 아마존 선교여행을 신청하였습니다. 눈 수술로 처음엔 세 바늘, 그리고 두바늘 또 두 바늘을 꿰맸지만 아직 꿰맨 자리에서 진액이 나오고 있습니다. 더 이상 꿰맬 자리도 없다고 합니다. 이번 주에 다시 의사를 만나 어떻게 해야 할지 어떤 방향으로 나가야 할지 혹은 다른 의사를 만나야 할지를 결정해야 합니다. 우리들 가운데 손을 내밀어 주시사 그의 병을 낫게 하시며 그 표적과 기사가 예수님의 이름으로 이루어지게 하여 주시옵소서. 이것으로 대적하는 자들이 우리가 전할 예수님에 대해 대적할 말이 없게 하여 주시고 우리가 하나님의 말씀을 담대히 전하게 하여 주시옵소서.

조원들을 위해 매일같이 기도해야 하는 것을 이제서야 알게 되었습니다. 서로를 위한 기도가 참으로 중요하다는 것을 알기에 그동안 조원들을 위해 기도하지 못한 것에 반성하게 됩니다. 1조에는 한동한 팀장님, 김승철 부팀장님, 허진용 장로님, 감상철 집사님, 기지서 집사님, 김훈 집사님, 엄기현 집사님, 정기원 집사님, 최승철 집사님이 있습니다. 신앙의 본보기가 되시는 이분들과 함께하게 되어 너무나 감사하며 한마음이 되어 사역할 수 있기를 기도합니다.

● 보아 노이찌 : Good evening

Amazon QT 7

사도행전 4:32-5:11

바나바 vs 아나니아와 삽비라

믿는 자들이 한마음 한뜻이 되어 모든 물건을 통용하고 밭과 집을 팔아 함께 나누어 가난한 자가 없었습니다. 바나바도 밭을 팔아 나누었습니다. 아나니아와 삽비라도 자기 소유를 팔아 나누었는데 일부분을 감춘 사실이 알려져 혼이 떠나가게 됩니다.

5장 4절의 말씀이 잘 해석이 되지 않아 쉬운말 성경을 보니 이해가 쉬워집니다. "땅을 팔기 전에도 그것은 그대의 소유였고, 땅을 판 후에도 그 돈의 처분은 그대에게 달린 일이 아니오? 그런데 어째서 이처럼 거짓으로 행동하는 것이오? 그대는 우리를 속인 것이 아니라, 하나님을 속인 것이오." 모든 물건을 통용한다는 이 성경 말씀과 아나니아와 삽비라의 구절만 나오면 마음이 불편하고 빨리 읽고 지나가고 싶은 마음이 항상 드는데 왜 그럴까 생각해 봅니다. 아직 바나바처럼 온맘으로 내 몸과 소유와 전부를 주님께 드리지 못하기 때문일 것입니다. 그리고 아나니아와 삽비라도 어느 정도 믿음이 있고 예수님을 따르고 소유를 나누고자 하는 마음이 있는 자였는데 하나님께서 목숨을 거두어 가신 것은 너무한 것 아닌가 하는 생각도 많이 듭니다. 그런 생각이 드는 것은 나도 아나니아와 삽비라와 같은 행동을 한다는 것을 느끼기 때문일 것입니다. 아나니아와 삽비라에게서 나의 모습이 보인다는 것입니다. 거룩한 척, 헌신하는 척, 나누는 척 하는 나의 모습을 이들을 통해 보게 되는 것입니다. 그러니 불편한 것이 당연할 것 같습니다. 아직 이 순간에도 놓지 못하는 세상의 것을 놓을 때 나는 바나바와 같이 위로의 아들이 되지 않을까 생각합니다.

아마존 형제자매님들과 나누기를 원합니다. 주님께서 주신 그 복을 나누기를 원합니다. 선교하는 척이 아닌 진심으로 가는 선교여행이 되기를 기도합니다. 항상 한자리에서 한결같이 섬기시는 우리 기지서 집사님을 위해 기도하기 원합니다. 가족으로 기미나 집사  님과 훈이와 얼마전에 결혼한 프리실라가 있습니다. 축하드립니다. 훈이와 프리실라의 신앙성장을 위해 기도하고 있고 이번 아마존 선교여행 시 건강이 염려되는데 강한 체력을 허락해 주시기를 기도드립니다.

🌐 오브리가도/오브리가다 : Thank you

사도행전 5:12-42

그 이름을 위하여 능욕받는 일에 합당한 자로 여기심을 기뻐하면서

사도들의 손을 통하여 민간에 표적과 기사가 많이 일어나 병든 자와 귀신 들린 자들이 와서 나음을 얻게 됩니다. 예수님을 대적하는 대제사장과 사두개인들은 사도들을 핍박하나 사도들은 계속 예수님의 이름으로 사람들을 가르칩니다. 베드로는 "사람보다 하나님께 순종하는 것이 마땅하니라"(29절)라고 선포합니다. 대제사장과 사두개인들이 사도들을 불러 채찍질하며 예수님의 이름으로 말하는 것을 금합니다. 하지만 사도들은 예수님 이름을 위하여 능욕받는 일에 합당한 자로 여기심을 기뻐합니다.

41절 말씀을 계속 반복해서 읽으며 묵상하게 됩니다. 영문으로도 읽어 봅니다. "They went on their way from the presence of the Council, rejoicing that they had been considered worthy to suffer shame for His name."(NASB) 예수님이 하나님이신 것을 직접 보았고 체험했고 또 표적으로 병든 자들을 낫게 하였는데, 증거가 충분한데도 대적하는 자들이 사도들을 채찍질로 핍박합니다. 그럼에도 사도들은 예수님의 이름을 위하여 능욕받는 일에 합당한 것으로 여기며 기뻐합니다. 저는 이번에 아마존에 처음 가게 됩니다. 현지 선교사님들과 고 목사님, 그리고 우리 교회가 그동안 주님의 은혜를 입어 가더라도 환영받는 경우가 대부분일 것이라 생각되지만 배를 타고 새로운 마을을 방문할 때, 그들에게 예수님을 전할 때 채찍은 아니지만 사나운 표정과 험악한 언어와 무관심이 나의 마음에 능욕이 될 수 있을 것이라고 상상을 하게 됩니다. 하지만 이러한 능욕도 우리가 예수님의 이름을 위하여 받는 것으로 합당하게 여겨 기뻐하면서, 그 마을을 축복하면서 떠나올 수 있는 마음가짐을 가질 수 있기를 기도합니다.

아마존의 믿지 않는 자들을 위해 기도합니다. 비록 그들이 우리가 전하는 예수님을 부정하고 핍박하더라도 우리의 전함이 씨앗이 되어 결국에는 주님께 돌아올 수 있기를 간구합니다. 전할 때 우리가 담대히 기쁨으로 전할 수 있기를 기도합니다. 우리 아마존 선교팀 부팀장님이신 김승철 집사님을 소개하고 위해 기도하기 원합니다. 정말 궂은일은 다 도맡아 하고 있습니다. 그

리고 멕시코 일일선교 등 선교활동에도 빠지지 않고 섬기고 계시기에 뵐 때마다 도전이 됩니다. 가족으로 샐리 집사님과 큰딸 엘리사와 작은딸 엘리노가 있으며, 두 자녀의 신앙성장을 위해 기도하고 있고 엘리노가 간호사 공부를 잘 마치기를 기도하고 있습니다. 우리늘의 섬김을 통해 인디오들이 변화되어 더 많은 마을에 복음이 전파되고 리더들이 세워질 수 있기를, 또 그들의 순수한 믿음으로 집사님의 믿음도 새롭게 되기를 기대하고 기도하고 있습니다.

🌐 지나다 : You are welcome

Amazon QT 9

사도행전 6:1-15

그 얼굴이 천사의 얼굴과 같더라

제대로 구제를 하지 못하게 되는 일이 일어나 헬라파 유대인들이 히브리파 사람들에게 대안을 요구합니다. 열두 사도가 하나님의 말씀은 제쳐놓고 구제에 집중하는 것은 마땅하지 아니하다고 하니 온 무리가 기뻐하며 스데반을 포함하여 성령과 지혜가 충만하여 칭찬받는 일곱 사람을 택하여 이 일을 맡기게 되었습니다. 스데반은 은혜와 권능이 충만하여 큰 기사와 표적을 행하고 여러 지역에서 온 자유민들과 논쟁하여 능히 대적하니 그들이 매수한 거짓 증인들을 세워 스데반을 붙잡지만 그럼에도 잡혀오게 된 공회에서 스데반은 천사의 얼굴을 하고 있습니다.

스데반이 어떤 일을 목적으로 선출된 사람인가를 생각해 봅니다. 열두 사도 대신 구제하고 실행하고 운영하는 일을 하기 위해 택하여진 사람입니다. 그런데 이런 행정적인 일을 하는 사람임에도 믿음과 성령과 지혜가 충만한 칭찬받는 조건을 갖춘 사람이었습니다. 그러하기에 대적하는 자들에게 모함을 받아 잡히게 됩니다. 구제활동을 해서 잡힌 것이 아닌 은혜와 권능이 충만하여 큰 기사와 표적을 민간에 행하고 성령의 힘으로 논쟁에서 그들을 대적했기 때문에 잡힌 것입니다. 잡힌 그의 얼굴은 천사의 얼굴과 같았습니다. 아마존에 가서 예수님을 전하더라도 대적하는 자들에게 잡혀 그들에게 끌려가지는 않을 것이지만 거부당하고 위급한 상황에서도 천사와 같은 얼굴을 할 수 있을까 생각해 봅니다. 나는 스데반이 아니잖아, 그만큼 훌륭한 사람이 아니잖아 하며 나의 감정에 있는 두려움을 떨쳐버릴 수 없을 것 같습니다. 하지만 하나님의 성령을 의지하면 스데반처럼 천사의 얼굴을 할 수 있지 않을까 하는 소망을 가지게 됩니다.

아마존 선교팀 모두에게 성령의 도우심으로 담대히 예수님을 전하며 어떤 상황에서도 천사의 얼굴을 할 수 있도록 주님께서 인도해 주시기를 기도합니다. 우리의 선교팀을 이끌어 나가시는 한동한 팀장님을 위해 기도하기 원합니다. 여러모로 능력이 출중하신 분으로 잦은 출장과 비지니스 미팅 등 생업과 사역의 일에 시간관리를 잘할 수 있기를 기도하고 있습니다. 주님을 사랑하는 마음으로 최선을 다하고자 하십니다. 팀장님을 위해 일을 분담하고 그의 영육간의 강건함을 위해 기도합니다.

● 꽁 리쌩싸 : Excuse me

Amazon QT 10

사도행전 7:1-60
스데반의 순교 이유, 사명과 듣기 싫은 바른말

스데반은 잡혀온 공회에서 자기변론을 합니다. 아브라함에서부터 솔로몬까지 인도하신 하나님의 약속과 은혜를 이야기합니다. 그런데 그곳에 있는 사람들은 목이 곧고 마음과 귀에 할례를 받지 못한 사람들이라며 성령을 거스른다고 합니다. 스데반은 그들에게 조상들이 선지자를 박해한 것처럼 너희도 예수님을 살인한 자라고 합니다. 이 말을 들은 유대인들은 마음에 찔려 이를 갈고 큰소리를 지르며 귀를 막고 일제히 그에게 달려들어 돌로 쳐서 스데반을 죽게 합니다.

어제 주일예배에서 초청강사로 오신 목사님께서 오늘의 이 말씀에 대해 언급해 주셔서 사명에 대해 다시 깊게 생각하게 되었습니다. 더불어 말씀을 묵상하는 가운데 그들의 행동에 대해 생각하게 됩니다. 자신들의 귀를 막고 돌로 스데반을 칩니다. 말씀이 마음을 찌르니 이를 갈게 되고 큰소리를 지르며 귀를 막고 달려든 것입니다. 이번 아마존 선교여행에서 저는 스킷드라마(무언연극)의 한 부분을 맡게 되었습니다. 이 내용이 인디오들에게 마음이 찔리는 본인의 잘못된 행동을 보여 주는 것인데 예비되지 못한 인디오는 귀를 막고, 이를 갈고, 큰소리를 지르며 반응할 수도 있을 것 같습니다. 나도 듣기 싫은 말을 주변에서 들었을 때 도리어 화내고 큰소리칠 때가 있습니다. 바른말인지 아닌지 확인도 하지 않고 찔리니 그렇게 반응을 하는 것입니다. 항상 깨어 있어 혼과 영과 및 관절과 골수를 찔러 쪼개기까지 하는 진리의 말씀에 회개하고 바르게 나아갈 수 있기를 간구하며 스데반의 순교에 마음이 아파 예수님께서 하나님 우편에서 앉아 있지 않으시고 서 계시기까지 한 것같이 귀한 진리의 말씀을 전하는 사명에 매진하기를 기도합니다.

내 평생에 처음 들어보는 백여 명의 아마존 모레레비족을 위해 기도하기 원합니다. 백오십 년 전 서구 선교사님들이 난생 처음 들어보는 조선에 복음의 씨앗을 뿌린 것처럼 우리가 만나게 될지 아닐지는 모르지만 이들에게 복음이 들어가 구원의 기쁨을 나눌 수 있는 기적을 간구합니다. 최승철 집사님을 소개하고 위해 기도합니다. 교회에서 만나면 아무 말 없이 항상 조용히 웃기만 하시는 최 집사님을 만날 때마다 놀라고 있습니다. 하나님의 일에 얼마나 열심이신지 그리고 그렇게 말이 없는 분이 찬양하면서는 또 은혜로운 말씀으로 인도하시네요. 아내이신 은임 집사님이 하나님 나라를 확장하는 일에 사용되기를 기도하며 대학에 진학하는 수림이가 이번 선교여행에서 많은 것을 배우기를 기도하고 대학에서 만남의 축복을 허락해 주시기를 기도하며 최 집사님은 아마존 인디오 영혼들과 깊은 영적교제를 나눌 수 있기를 기도하고 있습니다.

● 지쓰꾸빠 : Sorry

사도행전 8:1-25

마술사 시몬이 돈으로 구하고자 한 성령안수 능력

스데반의 순교 이후에 예수살렘교회에 박해가 시작되어 사도 외에는 모두 흩어집니다. 사울은 이 박해에 앞장섭니다. 집사 빌립이 사마리아에 가서 복음을 전하니 귀신이 나가고 중풍병자와 걷지 못하는 사람이 걷게 됩니다. 사람들이 빌립을 따르고 큰 기쁨이 있게 됩니다. 마술사 시몬이 자기가 큰 자라 하며 사람들을 현혹하고 있을 때 빌립의 능력을 보고 놀라 그를 따릅니다. 사마리아에 온 베드로와 요한이 안수하여 그들에게 성령이 임합니다. 마술사 시몬은 이러한 능력을 가지고 싶어 돈으로 사려 하지만 베드로는 은과 네가 함께 망할 것이라고 하며 악독이 가득하고 불의에 매인 바 되어 마음이 바르지 못함을 꾸짖으며 회개하고 주께 기도하라고 합니다. 마술사 시몬이 대답하여 나를 위하여 주께 기도하여 화가 하나도 자기에게 임하지 않게 해달라고 구합니다.

마술사 시몬이 사모하는 것이 무엇일까 생각해 봅니다. 사도들과 믿는 자들이 사모한 것과는 완전히 다른 것일 것입니다. 아나니아와 삽비라도 사모하는 바가 교회 내에서의 자기의 입지와 명성이라면, 마술사 시몬은 대중의 인기, 자기의 입신, 큰 자가 되어 돈을 벌기 위한 욕망을 가졌으니 이를 위해 베드로가 가진 하나님의 능력을 얼마를 주고 사더라도 손해보지 않는다는 생각이 들었을 것입니다. 오직 예수님과 그의 복된 소식을 전하고자 하는 제자들과는 완전히 다른 자였던 것입니다. 한 가지 시몬에게서 본 바른 태도는 하나님의 능력에 대해 정확히 인지하고 주께 기도하기를 구하고 굴복했다는 것입니다. 억만금을 주고도 살 수 없는 그 성령을 받게 된 나는 행운아입니다. 값없이 받았으니 말입니다. 인디오 마을에 가면 마술사 시몬과 같은 사람이 있을지도 모르겠습니다. 자기의 입신과 권력을 위해 힘을 행하는 자들이 있을 것 같습니다. 특히 그러한 자가 진정으로 하나님의 능력을 체험하여 주님께 돌아오는 역사가 일어나기를 기도합니다.

이번 선교여행을 이끌어 나가는 영적 리더분들이신 고현종 목사님, 이병준 목사님께 주님의 보호하심이 항상 함께하기를 계속 기도합니다. 오늘은 특별히 이병준 목사님과 그레이스 사모님을 위해 기도하기 원합니다. 사모님께서 신장부신 제거 수술을 앞둔 상태이신데 우선 보험이 문제없이 합당한 시간에 승인되고 준비된 좋은 의사 선생님의 손길을 주님께서 예비하시어 완벽하게 수술이 되어 다시는 재발되지 않기를 기도합니다. 이 목사님은 수아, 우혁이와 정혁이 세 아이의 육아 등 가정을 돌보심과 교회행정사역, 목양사역과 아마존 선교사역 등으로 지칠 수밖에 없는 상황이지만 은혜 가운데 감당하시기를, 영적으로 육적으로 강건하시기를 위해 우리가 함께 기도드립니다.

● 무이또 쁘라절 : Nice to meet you

Amazon QT 12

사도행전 8:26-40

전도는 빌립처럼 성령의 도우심으로 자연스럽게 그리고 이사야 53장

빌립이 성령의 명령에 따라 가사로 가게 되어 에디오피아 여왕의 내시를 만나게 됩니다. 그는 이사야 53장을 읽고 있었는데 내용을 어려워하고 있는 중 성령의 이끄심에 따라 빌립이 자연스럽게 다가가서 대화를 시작하고 수레에 올라 같이 앉게 됩니다. 내시는 빌립에게 굴욕당하고 공정한 재판을 받지도 못하였으며 도살자에게로 가는 양과 같이 끌려간 자는 선지자 이사야를 말하는지 또 다른 이를 말하는지 묻습니다. 이에 빌립은 그가 예수님이시고 이 말씀에 나와 있는 것처럼 죽임을 당하신 것을 증거하며 복음을 전합니다. 내시는 즉시 빌립과 물에 들어가 세례를 받았고 주의 영이 빌립을 이끌어 갔기에 내시는 빌립을 다시 보지 못하였지만 기쁘게 자기의 길을 갔습니다. 빌립은 여러 성을 지나 다니며 복음을 전하였습니다.

수가성 우물가의 여인에게 예수님께서 자연스럽게 다가가 영원히 목마르지 않는 생수를 전한 것과 같이 빌립처럼 성령의 이끄심에 따라 자연스럽게 내시에게 다가가서 성령의 이끄심에 따라 예수님을 전하고 세례를 받

게 하고 성령의 이끄심에 따라 그 자리를 떠나는 것이 우리의 전도라고 생각합니다. 내가 하는 것이 아니라 성령님이 모든 것을 하고 있습니다. 나는 그 거룩한 일에 사용되는 도구인 것입니다. 그렇다면 무엇을 전해야 하는가 생각하면 이사야 53장의 말씀을 더욱 묵상하게 됩니다. "그가 찔림은 우리의 허물 때문이요 그가 상함은 우리의 죄악 때문이라. 그가 징계를 받으므로 우리는 평화를 누리고 그가 채찍에 맞으므로 우리는 나음을 받았도다"(5절). 이것을 전하는 것입니다. 성령님의 이끄심으로 우리가 만날 인디오들에게 그들의 언어로 자연스럽게 다가가 이사야 53장의 말씀에 따라 오신 우리 예수님을 전하게 되기를 소망하며 기도드립니다.

이십여 년 전 이전에 섬기던 교회에서 청년부에 속해 있을 때 담당부장집사님이셨던 김훈 집사님을 우리 교회에서 다시 만나고 함께 아마존 선교 여행을 가게 되어 감회가 새롭습니다. 아내이신 혜령 집사님도 우리 부부와 함께한 찬양팀에서 반주자셨는데 여전히 이곳에서도 신실하게 찬양팀에서 섬기고 있으시네요. 꼬마들이었던 레이첼과 티모시가 이미 장성했고 레이첼은 결혼까지 했다고 하니 시간이 참 빨리 간다고 생각되지만 교회에서 한결같이 섬기시는 두 분의 모습에 은혜가 됩니다. 김 집사님은 매년 가는 선교가 매너리즘이 되지 않기를 그리고 낮은 마음으로 인디오형제자매님들을 섬길 수 있기를 기도하십니다.

● 봉 아빠쯔니쯔니 : Enjoy your meal

사도행전 9:1-31

너는 내 이름을 전하기 위하여 택한 나의 그릇

주의 제자들에게 위협이 되던 사울이 다메섹 도상에서 예수님을 만납니다. 사흘 동안 보지도 못하고 먹지도 못하고 마시지도 못한 상태로 있을 때 예수님께서 제자 아나니아에게 사울에 대해 말씀하십니다. "이 사람은 내 이름을 이방인과 임금들과 이스라엘 자손들에게 전하기 위하여 택한 나의 그릇이라(Chosen Instrument of Mine)"(15절). 이 말을 들은 아나니아가 사울에게 안수하여 사울이 다시 보게 되고 음식을 먹고 강건해집니다. 사울은 즉시 회당에서 예수 그리스도를 증언합니다. 이 사실을 알게 된 유대인들이 사울을 잡으려 했지만 그는 예루살렘으로 가서 바나바의 변호로 형제들에게 인정받게 되고 온 유대와 갈릴리와 사마리아 교회가 주를 경외함과 성령의 위로로 진행하여 부흥합니다.

'나의 그릇'이 영어성경 NASB 버전에는 'Instrument'로 되어 있습니다. 사전을 찾아보니 'tool or implement, especially one for delicate or scientific work'로 되어 있네요. 도구는 도구인데 섬세하고 고도의 일을

하기 위해 만들어진 특별한 도구를 말합니다. 사울처럼 우리도 아마존 이방인들에게 예수님의 이름을 전하기 위해 택하여진 예수님의 그릇, 섬세하게 지어진 선택된 특별한 도구라고 말씀해 주십니다. 그냥 막 만들어진 도구가 아닙니다. 세밀하게 만들어져 아름다운 음을 내는 악기로 예수님은 나를 여기시는 것입니다. 그리고 이런한 도구는 쉽게 만들어지는 것이 아니며 여기저기 깎이는 고난이 있음을 말씀해 주십니다. 선교여행에서도 어느 정도 고난이 있을 것을 각오하며, 좋은 음을 낼 수 있도록 조율을 잘하기를, 준비를 잘할 수 있기를 기도합니다.

우리 교회의 이번 여름선교여행을 준비하는 각 팀을 위해 기도하기 원합니다. 철저한 준비와 기도로 무장하여 이방인들에게 예수님을 전해 그들이 구원받는 역사가 일어나고 선교여행을 통해 우리 교우들이 하나 되며 영적성장을 이루어 주실 것을 기도합니다.

영아부 김혜라 간사님의 남편이며 진용이와 윤진이 두 아이의 아빠인 엄기현 집사님을 이번 선교모임에서 처음 인사하게 되었는데 놀라움의 연속입니다. 감염내과 의사로서 에티오피아로 평신도 의료선교사로 나갈 준비 중이란 것을 알게 되었습니다. 준비하는 가운데 주님의 은혜와 돌보심 그리고 준비절차가 순조롭게 진행되기를 기도합니다. 그리고 바쁜 가운데 아마존 선교에 최선을 다하여 하나님이 주시는 힘으로 임하도록, 아마존을 향한 하나님의 사랑에 매여 있도록 기도 부탁합니다.

● 싱 : Yes, 나우 : No

사도행전 9:32-10:8

고넬료를 아시나요?

_____   _____

베드로가 사방으로 두루 다니며 중풍병자를 고침으로 룻다와 사론에 많은 자들이 믿게 되고 선행과 구제하는 일이 심히 많았던 도르가가 죽었을 때 무릎꿇고 기도하여 살리게 된 일로 욥바의 많은 사람들이 주를 믿게 됩니다. 가이사랴에서 이달리야 부대의 백부장인 고넬료는 경건하여 온 집안과 더불어 하나님을 경외하며 백성을 많이 구제하고 하나님께 항상 기도하던 자입니다. 하나님의 사자가 환상 중에 고넬료에게 보이시면서 욥바에 있는 베드로를 청하라는 말씀을 합니다.

오늘 아침에는 두 사람의 이름이 마음에 들어옵니다. 도르가와 고넬료입니다. 성경 말씀에 적시된 두 사람에 대한 평가는 각각 이렇습니다. 도르가는 선행과 구제하는 일이 심히 많았고, 고넬료는 경건하여 하나님을 경외하며 백성을 많이 구제하고 항상 기도하는 자라고 합니다. 고넬료에 대해 더 찾아보았습니다. 수도인 가이사랴에서 백부장을 하는 사람이니 지금의 수도방위사령부 참모이지 않을까 생각됩니다. 어느 정도 높은 직위를 가진 분이겠네요. 그리고 그는 하나님을 경외하고 구제하고 항상 기도하는 자였습니다. 이방인인데 하나님을 경외하는 자였고 또 나눌 줄 알며 겸손하게 기도하는 자였습니다. 이런 자에게 하나님의 사자가 나타나며 주님께서 사용하시는 것을 보게 됩니다. 베드로는 고넬료를 통해 하나님을 경외하며 의를 행하는 사람은 이방인일지라도 하나님께서 다 받으시는 줄을 깨닫게 됩니다. 나의 삶을 어떻게 살아야 하는지를 보여 주십니다. 성경에는 권면의 말씀이 많지만 오늘은 주님께서 저에게 주시는 말씀으로 경건하고, 하나님을 경외하며 구제하고 항상 기도하는 자가 되라고 말씀해 주십니다.

나의 삶이 경건과 주에 대한 경외와 기도에 힘쓰고 진심에서 나오는 나눔으로 살아가는 고넬료가 되기를 기도합니다. 아마존에 있는 영혼들을 위해 계속 기도합니다. 하나님의 영이 그곳에 있는 경건한 자에게 환상을 보여 주셔서 우리들이 전하는 예수님을 기쁨으로 받아들이는 역사가 일어나기를 기도합니다. 오늘은 허진용 장로님을 위해 기도하기 원합니다. 알고 보니 옛 직장 상사이시며 교회에서는 인사를 나눈 적은 많은데 이렇게 한모임에서 서로를 위해 기도하는 것은 처음이라 참 귀하게 여겨집니다. 박희숙 권사님과 함께 환갑기념으로 선교여행을 가신다며 기뻐하십니다. 아들 부부 완과 하빈 가정에 새생명을 허락하시고, 둘째 정이에게도 좋은 배우자를 허락해 주실 것을 기도합니다.

● 데우스 : God, 애스삐리또 싼또 : Holy Sprit

사도행전 10:9-48

나와 같은 이방인이 구원을 받을 수 있었던 사건

베드로가 시장하여 먹고자 하는 중, 환상에 하늘에서 각종 네 발 가진 짐승과 기는 것과 공중에 나는 것들을 먹으라는 소리를 듣고 주여 깨끗하지 아니한 것을 먹지 못한다고 거부하자 하나님께서 깨끗하게 하신 것을 네가 속되다고 하지 말라고 하십니다. 이때 고넬료가 보낸 이방인 사람들이 베드로를 청합니다. 고넬료가 주께서 당신에게 명하신 모든 것을 듣고자 한다고 하니 베드로는 하나님은 사람의 외모를 보지 아니하시고 하나님을 경외하며 의를 행하는 사람은 다 받으신다는 것을 깨달았다고 말합니다. 베드로 그리고 그들에게 예수님에 대하여 증언하고 그의 이름을 힘입어 죄 사함을 받는다는 것을 선포합니다. 성령이 이 말씀을 듣는 이방인 모두에게 내려오시니 베드로는 놀라 이들이 우리와 같이 성령을 받았으니 누가 물로 세례 베풂을 금하리요 하고 예수 그리스도의 이름으로 세례를 베풉니다.

유대인만 선택된 자들이라는 선민적 생각이 깨어지는 사건입니다. 베드로에게도 환상이, 이방인인 고넬료에게도 환상이 겹쳐져 일어난 하나님의 개입이 일어난 특별한 계시의 사건일 것입니다. 이 사건으로 철저히 이방인이었던 내가 구원받고 세례받고 예수님을 닮아가고자 몸부림치면서 천국 소망을 가지고 주의 이름을 높이기 위해 살아갈 수 있게 된 것입니다. 이 사건이 없었다면 우리 이방인에게 복음이 들어오지 못했을 것입니다. 마찬가지로 아직도 이방인인 아마존의 잃어버린 영혼을 생각하게 됩니다. 이천 년 전 고넬료에게 베풀어진 세례가 많은 시간에 걸쳐 나에게 전달되었고 이제는 아마존에 있는 그들에게 전달되는 역사적 순간에 우리가 동참하게 되는 것입니다. 이러한 귀한 사역에 예수님의 그릇으로 사용되는 영광을 허락하신 주님께 감사드립니다.

아마존에 있는 준비된 영혼을 찾아 그들에게 성령이 오시어 함께 예배드리고 영적교제를 나눌 수 있기를 기도합니다. 하나님, 저는 감상철 집사님과 꼭 함께 이번 선교여행을 가고 싶습니다. 혹시라도 오늘의 눈 수술이 잘못되어 회복되지 않아 이번 선교여행을 함께 가지 못하거나 약한 눈으로 인해 선교여행에 방해가 되지 않기를 간곡히 기도드립니다. 오늘 수술이 주님의 보호관찰 아래 잘 시행될 수 있기를 우리 함께 기도드립니다.

● 아몰 : Love, 로우블 : praise

사도행전 11:1-30

안디옥교회와 크리스천

베드로가 예루살렘으로 돌아와 고넬료의 집에서 있었던 이방인에게 성령의 세례가 내려지는 것을 증언하니 유대인 믿는 자들이 "하나님께서 이방인에게도 생명 얻는 회개를 주셨도다"(18절) 하면서 인정하게 됩니다. 이로 인해 이방인인 헬라인이 있는 안디옥에 예수님이 전파되니 수많은 사람들이 믿고 주께 돌아옵니다. 착한 사람이요 성령과 믿음이 충만한 바나바가 안디옥에 파송되고 사울을 불러 함께 안디옥에서 사역을 합니다. 이때 따르는 제자들이 비로소 '그리스도인(크리스천)'이라 일컬음을 받게 됩니다. 유대에 큰 흉년이 들어 안디옥에서 부조를 보내는, 파송한 교회를 도리어 돕는 역사도 일어나게 됩니다.

라틴어 '크리스티아너스'(Χριστιανός)에서 나온 말로 터키 안티오케이아교회의 신도를 본 사람들이 '예수를 믿고 따르는 사람'의 뜻으로 불렀다고 위키백과에 나옵니다. 따뜻한 성품의 바나바와 해박한 지식과 진리를 칼같이 지키는 삶을 보여준 바울에게서 배운 제자들이 크리스천이라고 불리기 시작했네요. 안 보아도 비디오입니다. 이들이 얼마나 은혜로운 삶을 살았을지를 상상할 수 있습니다. 비록 단기간 아마존에 파송되는 우리들이지만 바른 행동과 예수님을 신실히 따르는 삶으로 아마존 인디오교회의 형제자매들에게 선한 영향력을 미쳐 그들이 진정한 크리스천이 되기를 간구합니다. 어쩌면 미국에 큰 흉년이 들어 이들이 우리에게 부조를 보내 주는 역사가 일어날지도 모르겠습니다. 십 년 뒤, 이십 년 뒤 혹은 백 년 뒤에라도요. 한국전쟁 이후 전세계 많은 크리스천들의 도움으로 한국이 다시 일어섰고 이제는 우리가 도움을 주고 있는 것처럼 말입니다. 우리가 방문하는 인디오교회가 그 지역의 안디옥교회가 되어 많은 크리스천이 양성되기를 기도합니다.

어제와 오늘 하루종일 마음이 착찹합니다. 감 집사님 수술이 그렇게 좋은 결과가 있지는 않다는 소식이 들립니다. 지난 토요일 우리 모임에서도 지쳐서 낙담하시는 이야기를 들었습니다. 주님께 기도드립니다. 항상 주님께서 그와 함께해 주시고 마음을 위로해 주시고 이러한 과정이 우리에게 어떤 말씀을 해 주시려는 것인지 그와 우리가 깨닫게 인도하여 주시옵고 계속 좋은 결과를 위해 기도드립니다.

● 페 : Faith, 그라싸 : Grace

사도행전 12:1-25

헤롯, 피조물이 하나님의 자리에 앉으려 하면 사망뿐

헤롯왕이 야고보를 죽이고 베드로도 죽이려 잡아들입니다. 하지만 주의 사자의 인도하심으로 베드로는 감옥에서 나오게 됩니다. 헤롯은 베드로를 지키던 파수꾼도 경계실패의 책임을 물어 죽입니다. 헤롯은 먹는 양식을 무기로 이웃나라 두로와 시돈 사람들을 괴롭힙니다. 왕의 의복을 입고 백성들 앞에서 연설하여 백성들이 신의 소리라고 찬사하니 영광을 하나님께 돌리지 않고 자신의 것으로 돌려 주의 사자가 헤롯을 쳐서 벌레에 먹혀 죽게 됩니다.

성경 말씀 여기저기서 헤롯이 나오는데 모두 나쁜 기억만 있습니다. 예수님께서 태어나실 때 두 살 아래의 아이들을 모두 죽인 헤롯왕, 세례 요한을 죽였으며 동생의 아내 헤로디아를 취한 헤롯왕, 야고보를 죽이고 베드로를 죽이려 했던 오늘의 헤롯왕 등이 있습니다. 요즈음의 위정자들과도 참 많이 닮았다고 생각됩니다. 중심에 하나님은 아예 없고 자기가 최고이며 자기의 말 한마디로 사람들이 죽어 나가고 자기가 찬사받는 그 중심에 있습니다. 신적인 위치에 있다고 착각하며 살고 있는 것입니다. 가만히 생각해 보면 우리 모두가 헤롯일지도 모르겠다는 생각이 듭니다. 에덴동산에서 창조주 하나님과 피조물 아담과 하와가 아름답게 살고 있었을 때 사탄이 아담과 하와에게 들어와 하나님과 같이 되어 선악을 알게 될 수 있다며 선악과를 먹게 되었을 때부터 우리는 헤롯과 같은 모습을 가지게 된 것입니다. 하지만 예수님의 피 흘림으로 말미암아 우리는 구원받아 헤롯이 정말 교만하다는 것을 알게 되고 하나님의 자리에 앉으려 하는 것의 결과는 사망이라는 것을 깨닫게 된 것입니다. 저를 구원하여 주신 예수님 감사합니다. 이런 예수님을 아마존에 있는 영혼들에게 전하기를 원합니다. 그곳에 있는 헤롯이 구원받아 자신의 위치가 피조물이라는 것을 깨닫게 되기를 기도합니다.

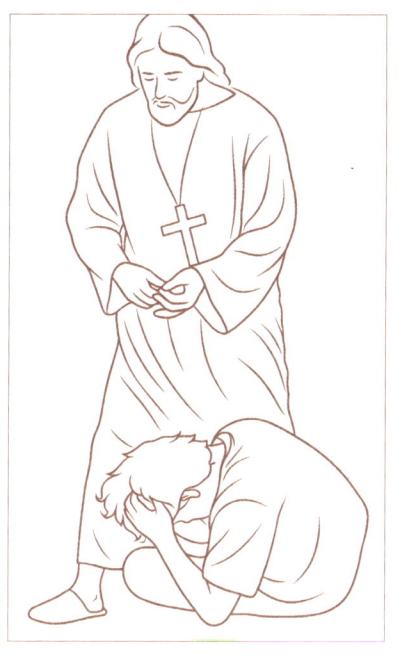

아마존 선교를 준비하는 중간쯤이 된 것 같습니다. 준비하는 모든 팀원들이 지치지 말고 건강한 가운데 은혜롭게 준비할 수 있기를 기도합니다.

오늘은 정기원 집사님을 소개하고 위해 기도하기 원합니다. 여림 집사님과 여원, 윤서, 초은 그리고 윤으로 구성된 네 딸을 양육하는 딸부자 아빠이십니다. 저와 참 오랫동안 교회에서 마주치며 봐 왔는데 이제서야 서로 소개를 하고 교제하게 되네요. 여림 집사님이 육아와 비지니스로 지쳐 있으신 데 잘 감당하실 수 있기를 기도하고 대학 가는 여원이, 고등학교 가는 초은이가 학교에 잘 적응 할 수 있기를 그리고 정 집사님은 6월부터 새 직장을 다니게 되었는데 잘 적응하고 좋은 성과를 낼 수 있기를 기도 드립니다. 새직장에 입사조건으로 아마존에 선교가야 하니 휴가를 사용하겠다고 당당히 이야기하셨다고 합니다.

🌐 뱅싸우 : Blessing, 뺄다우 : Forgiveness

사도행전 13:1-12

주가 불러 시키는 일을 위하여

안디옥교회의 지도자들은 성령이 이르시기를 "내가 불러 시키는 일을 위하여 바나바와 사울을 따로 세우라"(2절) 하시어 안수하여 다른 지역으로 파송합니다. 바나바와 사울은 구브로의 바보에서 유대인 거짓 선지자 엘루마를 만납니다. 엘루마는 하나님 말씀을 듣고자 하는 총독 서기오 바울 옆에 있으면서 그가 예수님을 믿지 못하게 훼방을 합니다. 사울에서 드디어 바울로 불리게 된 바울이 엘루마에게 갖은 욕과 저주를 합니다. 거짓과 악행이 가득한 자요, 마귀의 자식이요, 모든 의의 원수며 주의 바른 길을 굽게 하는 자라고 비난하고 맹인이 될 것이라는 저주를 함으로 엘루마가 보지 못하게 되어 총독은 주의 능력을 보고 믿으며 바울의 가르침에 놀라워 하게 됩니다.

안디옥교회가 부흥하고 있습니다. 조직도 잘 갖추어져 있고 훌륭한 지도자가 있습니다. 이때 성령님은 "내가 불러 시키는 일을 위하여 바나바와 사울을 따로 세우라"고 명령하십니다. 저는 우리 교회를 참 좋아합니다.

좋은 지역에 참 잘 갖추어져 있는 교회로 고 목사님과 같은 좋은 지도자가 있으며 예수님을 사랑하는 좋은 성도님들이 있습니다. 그러나 성령님께서 계속 여기에 만족하고 은혜받고 지내라고 이야기하지 않으시고 우리에게 "내가 불러 시키는 일을 위하여" 따로 사람을 세우라고 명령하십니다. 그래서 지금 세워진 자들이 우리 아마존 선교팀이 아닐까 생각됩니다. 그리고 그 일은 믿지 않는 자들에게 예수님을 전하는 전도일 것입니다. 이 사명을 명확히 알고 있는 바울이 전도에 방해가 되는 엘루마에게 갖은 욕과 저주를 한 것입니다. 참지 못하고 퍼부었을 것입니다. 나는 성령님의 명령으로 "주가 불러 시키는 일을 위하여" 아마존으로 예수님을 전하러 가는 전도자입니다. 전도를 방해하는 사탄에게 참지 못하고 갖은 욕을 할 수 있는 담대함과 사명을 주님께서 허락하실 것을 기도합니다.

아마존 선교팀을 이끌어 가는 영적지도자이신 고 목사님과 이 목사님을 위해 계속 기도하기 원합니다. 영육간의 강건함으로 이 팀을 잘 이끌어 가실 수 있는 힘을 주께서 허락하실 것을 기도합니다. 오늘은 제 소개를 하겠습니다. 13년 전에 주님의 인도하심으로 디사이플교회에 출석하게 되었고 아내로 소리 집사와 고등학교에 가게 될 아들 유빈이가 있습니다. 가정에 주님께서 주시는 말씀의 은혜와 주의 평강이 흘러넘치기를 간구하며, 유빈이가 어린 시절 인격적으로 주님을 만날 수 있기를 그리고 자기의 맡은 학업에 최선을 다할 수 있기를 기도하고 있습니다.

● 글로리아 : Glory, 알레그리아 : Joy

사도행전 13:13-33

너는 내 아들이라 오늘 내가 너를 낳았다

바울과 일행은 비시디아 안디옥의 회당에 갑니다. 바울이 회당에서 "이스라엘 사람들과 및 하나님을 경외하는 사람들아 들으라"(16절) 하면서 하나님의 이스라엘을 택하심, 광야에서 그들의 소행, 가나안 땅 입성, 사사를 주신 것과 사울왕과 다윗왕을 세운 것을 이야기합니다. 다윗왕의 후손에서 예수님이 나신 것을 이야기하고 예수님이 고난을 받고 죽으시고 부활하고 승천하신 것을 이야기합니다. 그리고 "조상들에게 주신 약속을 너희에게 전파하노니 곧 하나님이 예수를 일으키사……너는 내 아들이라, 오늘 너를 낳았다"(32-33절)라고 시편 2편의 말씀을 전합니다.

시편 2편을 찾아 묵상해 보았습니다. 이 구절이 영어로 My Son, Today I have fathered You라고 되어 있습니다. Father라는 말이 동사로 사용되었네요. 하나님께서 예수님을 아들로 삼으셨습니다. 세상을 다스리는 모든 권세를 일임한 것입니다. 하나님과 하나가 되시는 예수님을 의미합니다. 똑같이 우리도 예수님과 함께 아들 삼아 주신 것으로 이해됩니다. "조상들에게 주신 약속을 너희에게 전파하노니" 에서 약속이 영문으로 "The good news of the promise"로 되어 있습니다. 우리가 아는 The good news, 즉 복음이 예수님을 일으키사 너는 내 아들이라 오늘 너를 내가 낳았도다라는 사실입니다. 시편 2편 마지막 절에 "그의 아들에게 입맞추라. 그렇지 아니하면 진노하심으로 너희가 길에서 망하리니…여호와께 피하는 모든 사람은 다 복이 있도다"라고 말씀하십니다. 이 복음을 아마존에 있는 영혼들에게 전하러 우리가 함께 준비하며 가는 것입니다. 예수님을 저에게 허락해 주시고 그를 통해 여호와의 피난처에 거하게 하심에 감사드립니다. 아마존에 있는 그들이 우리와 함께 예수님께 입맞추고 여호와의 피난처에 거하기를 기도합니다.

바울의 설교를 들으니 파울로 고 목사님, 우리 고현종 목사님 생각이 자꾸 납니다. 13년 전 고 목사님에 대해 아무 정보도 없이 디사이플교회 예배에 처음 참석하였을 때 주님께서 전하고자 하는 말씀을 은혜 가운데 전해 주시는 모

습을 보고 이 교회에 계속 출석하게 되었습니다. 가족으로 세라 사모님과 큰아들 피터, 둘째 필립 그리고 막내 소피아가 있습니다. 미적감각이 뛰어나시며 섬김의 은사가 있으신 세라 사모님은 가정의 한 부분을 예쁘게 꾸며서 다락방을 섬기느라 지쳐 있는 여자 집사님들과 권사님들을 초청해 티타임을 가지며 치유의 시간을 제공하시는데 아내가 다녀온 후 자랑해서 부러웠습니다. 남자들도 차와 디저트를 좋아하는데 말입니다. 키가 크고 잘생긴 피터는 뉴욕에 공부를 하러 떠나 있고 휠체어를 탄 필립을 볼 때마다 그냥 마음이 찡하며 세라 사모님께서 정성스럽게 필립을 씻겨 주는 모습을 연상합니다. 소피아는 엄마를 닮아 인사도 참 잘하고 성품도 참 좋아 한국분들 누구나 좋아할 며느리감으로 느껴집니다. 우리 교회의 영적 지도자시며 이번 아마존 선교의 핵심역할을 하실 고 목사님을 위해 계속 기도하기 원합니다. 고 목사님은 고질병인 무릎이 잘 치료될 수 있기를 기도하고 있으며 영적으로 충만하고 체력적으로 강건해서 아마존사역을 잘 감당하기를 기도하고 있으십니다. 교회 기도골방에서 알려 준 기도제목으로 올해 목회일정과 사역에 성령이 함께하셔서 기쁨과 감사함으로 사역하도록 주께서 축복하시기를, 선한 목자의 마음으로 일평생 하나님의 영광을 위하여 쓰임 받으실 수 있기를 기도드립니다.

🌸 봉다디 : Goodness, 봉 : Well

Amazon QT 20

사도행전 13:34-52

제자들은 기쁨과 성령이 충만하니라

바울은 계속 예수님이 부활하신 것으로 말미암아 우리도 썩음을 당하지 않게 된다고 이야기하며 예수님을 힘입어 죄 사함을 너희에게 전한다고 합니다. 모세의 율법으로는 의롭다 하심을 얻지 못하던 모든 일에도 예수님을 힘입어 믿는 자마다 의롭다 하심을 얻는다고 합니다. 이 말을 듣고 시기가 가득하여 반박하고 비방하는 유대인들이 있는가 하면 이방인들이 듣고 기뻐하여 하나님의 말씀을 찬송하며 영생을 주시기로 작정된 자는 다 믿는 역사가 일어납니다. 바울과 바나바를 박해하는 유대인을 향하여 발의 티끌을 떨어버리고 떠나지만 이들 제자들은 기쁨과 성령이 충만합니다.

계속 바울의 설교를 묵상하니 예수님이 하나님의 아들 되심을 이야기함과 동시에 예수님으로 말미암아 믿는 우리가 하나님의 아들 됨을 또한 중요하게 이야기함을 알게 됩니다. 율법으로 하지 못하는 것을 예수님을 힘입어 믿는 자마다 의롭다 하심을 얻는다는 것을 정확히 선포합니다. 지금 생각해 보아도 율법을 하나님으로 여기던 유대인들이 바울의 예수님에 대한 증언에 시기하고 비방할 만하다는 생각이 듭니다. 하지만 영생을 주시기로 작정된 자는 다 믿는 역사가 일어납니다. 구원은 결국 주님의 예정에 의한 것임을 알게 되고 그 예정에 저를 포함시켜 주심에 감사드립니다. 우리는 아마존으로 가서 주님께서 영생을 주시기로 예정된 자를 찾아 복음을 전하고, 반박하고 박해하는 자들을 향해 발의 티끌을 떨어버리고 기쁨과 성령의 충만함으로 다른 마을로 떠나면 될 것입니다.

아마존에 있는 영생을 주시기로 작정된 인디오들을 위해 기도합니다. 이들에게 정말 기쁜 소식을 전할 수 있도록 주님께서 예비해 주시기를 간구합니다. 아마존 선교팀에 저의 모레레비족이 있습니다. 미전도 종족이 아니라 한 교회에서 섬기면서도 처음으로 만나 이전에 인사를 나누지 못한 분들입니다. 제니 집사님, 주선 집사님에 이어 오늘은 성원 집사님을 소개하고 기도 나누기 원합니다. 성원 집사님, 우리 단톡방에 제일 먼저 이름이 나와 있는 사실을 아시는지요? 단톡방에 들어올 때마다 성원 집사님 이름을 제일 먼저 보게 됩니다. 아마 이번 아마존 선교에서 가장 많은 은혜를 받으실 분이지 않을까 생각합니다. 남편이신 한동진 집사님을 처음 만난 것이 멕시코 일일선교 때였는데 너무 열심히 노방전도하시는 것을 보고 인상깊게 여기고 있었는데 부부 두 분이 모두 선교에 사명이 있으신 것 같습니다. 첫째 예닮이와 둘째 주만이 그리고 막내 예림이 세 아이가 주님과 동행하며 살기를 우선순위로 기도하시고 집사님은 하나님의 마음을 헤아릴 줄 아는 딸이 되기를 기도하고 있습니다.

● 아도랄 : Worship

사도행전 14:1-28

복음을 전하는 목적은, 헛된 일을 버리고 천지와 바다와 그 가운데 만물을 지으시고 살아 계신 하나님께 돌아오게 함이라

바울과 바나바가 이고니온에서 전도하여 많은 믿는 자가 생기지만 유대인들에게 박해를 받아 루스드라로 가게 됩니다. 그곳에서 앉은뱅이가 구원받을 만한 믿음이 그에게 있는 것을 보고 일어나 걷게 합니다. 루스드라 사람들이 이것을 보고 두 사도를 제우스와 헤르메스로 여기며 이들을 위해 제사를 지내려 합니다. 이때 두 사도는 우리도 사람이라 하며 "여러분에게 복음을 전하는 것은 이런 헛된 일을 버리고 천지와 바다와 그 가운데 만물을 지으시고 살아 계신 하나님께로 돌아오게 함이라"(15절)라고 부르짖습니다. 유대인에게 돌에 맞아 죽을 뻔했던 바울이 바나바와 안디옥에 돌아와 우리가 하나님의 나라에 들어가려면 많은 환난을 겪어야 할 것이라고 이야기합니다.

사람은 누구나 하나님의 자리에 앉으려는 성향이 있습니다. 이것이 원죄라고 배웠습니다. 하나님의 능력으로 앉은뱅이를 고쳤는데 그 영광을 두 사도가 받을 뻔했습니다. 거의 신으로 모셔질 뻔했습니다. 아마 모른척 그

들이 섬기는 것을 즐겼다면 호의호식하면서 지낼 수 있었을 것입니다. 나라면 어떻게 했을까 궁금해집니다. 그 유혹을 참기가 어려울 것입니다. 지금 내가 누리고 있는 모든 것들도 하나님의 능력으로 이루어진 것인데 이것이 내가 잘해서 이루어진 것이라고 여기며 살아갈 때가 많습니다. 하나님의 영광을 가로채고 있는 것과 같겠죠. 오늘 아침에 하나님께 드리지 못하고 겸손하지 못한 나의 모습에 부끄러움이 몰려옵니다. 두 사도는 사람인 자기들을 추앙하는 이런 것이 헛된 일이며 이것을 버리고 창조주 하나님께로 돌아오게 함이 예수님을 전하는 복음의 목적이라고 이야기합니다. 우리가 아마존에 가서 오직 하나님의 영광만을 비추고 나타내며 그 외의

헛된 일을 버리게 하고 그들이 하나님께 돌아오도록 예수님의 복음을 전하기를 기도합니다.

계속 아마존의 영혼들을 위해 기도합니다. 이들에게 미신, 악습, 토속신앙이 있다면 이것이 헛된 일이라는 것을 깨닫게 하시는 역사를 허락하여 주시기를 기도드립니다. 오늘은 혜란 집사님의 기도제목을 나눕니다. 제가 처음 교회에 출석했을 때부터 안용석 장로님과 혜란 집사님은 새가족부 안내를 하시면서 항상 웃는 모습으로 반겨 주시고 교회 안에서 언제 어디서나 뵐 수 있는 분들이라 근처에 사시겠구나 했는데 풀러튼에서 매일같이 이곳으로 오고 계셨네요. 지금은 더 먼 요바린다에서 한결같이 다니시고 있습니다. 지난 주일예배에서 목사님께서 수넴의 귀한 여인 이야기를 하시는데 음식을 기쁨으로 준비하고 대접하는 요바린다의 귀한 여인 혜란 집사님이 떠올랐습니다. 대학원 준비하는 커니, 대학생인 조셉과 유니스가 주어진 학업에 최선을 다하며 건강하며 신앙생활을 잘할 수 있기를 기도하시고 집사님은 이번 아마존 선교여행에서 하나님과의 관계에 집중하기를 기도하고 있습니다.

● 밸리쓰 : Happy, 깐싸도 : Tired

Amazon QT 22

사도행전 15:1-35

이방인으로서 믿는 우리에게 면제된 것과 금지된 것

어떤 사람들이 모세의 법을 지키며 할례를 받지 아니하면 능히 구원을 받지 못한다고 주장합니다. 바울과 바나바가 변론을 하며 예루살렘교회의 사도와 장로들에게 이 일을 의논하게 합니다. 베드로는 "하나님이 이방인들로 복음의 말씀을 믿게 하시려고 나를 택하셨다"고 하며, 야고보는 "내 이름으로 일컬음을 받는 모든 이방인들로 주를 찾게 하려 함이라"(17절)는 말씀을 인용하며 이방인에게 복음을 전하는 것이 합당하다고 이야기하며 이방인 중에서 하나님께 돌아오는 자를 율법과 할례의 의무에서 괴롭게 하지 말고 다만 우상의 제물과 피와 목매어 죽인 것과 음행을 멀리하라고 전합니다. 바나바와 바울은 바사바 유다와 실라와 함께 안디옥으로 가서 이 말을 전하여 논란은 종결되고 주의 말씀을 가르치며 전파됩니다.

지킬 수 없는, 우리의 힘으로 지키기가 불가능한 율법과 할례라는 멍에의 괴로움에서 벗어나게 해 주신 주님께 감사합니다. 그 율법을 보면서 지켜야 한다는 생각을 해 보면 사실 끔찍합니다. 하지만 하지 말아야 할 것이 있다고 이야기합니다. 우상의 제물과 피와 목매어 죽인 것과 음행을 멀리 하라고 합니다. 우상과 음행은 이해가 되는데 목매어 죽인 것과 피에 대해서는 잘 이해가 되지 않아 찾아보니 이것도 율법에 나와 있는 금지된 음식을 의미하는데 해석이 잘 되지 않지만 지금 저에게 주님께서 주시는 뜻으로는 먹는 자는 먹지 않는 자를 업신여기지 말고 먹지 못하는 자는 먹는 자를 판단하지 말라는 말씀 혹은 (금지된 음식을 먹음으로써) 작은 자를 실족하게 하지 말라는 말씀과 연관이 있지 않을까 생각됩니다. 몇 해 전 고 목사님의 사도행전 설교말씀에서 찾아보고 싶은데 영상도 없고 설교노트도 찾지 못해 무척 답답합니다. 이방인인 내가 율법의 멍에서 벗어나 믿기만 하면 거져 얻는 구원을 또 다른 이방인인 아마존의 인디오에게 율법의 멍에를 씌우지 않으면서 전하게 되어 너무 다행이라고 여겨집니다. "형제님, 그냥 예수님만 믿으면 됩니다. 단지 믿게 된 형제님이 하지 말아야 하는 것은 우상숭배와 음행과 다른 형제가 실족하지 않도록 조심하는 것입니다."

현지에서 있을 이박 삼 일의 선교관사역을 위해 기도하기 원합니다. 예배/세미나 사역과 결혼식과 세례식에서 은혜가 흘러넘치고 찬양, 율동, 스킷드라마, 의료사역 등 계획한 활동들이 잘 준비되어 진행될 수 있기를 기도드리며 인디오 리더분들이 말씀 위에 세워지고 영적 성장이 이루어지기를 기도합니다. 오늘은 상파울로 영광교회의 민지 자매님의 기도를 함께 합니다. 민지 자매님은 선교가 더 이상 일 중심이 아니라 자매님 안에 하나님이 원하시는 섬김과 온 마음을 다해 사랑을 나누는 시간이 되는 것이며 그분의 뜻을 더욱 알고 그가 원하시는 인생의 길들을 선택할 수 있도록 지혜를 구하는 기회가 되기를 기도하고 있습니다.

● 애우 : I, 보쎄 : You, 너스/아잰찌 : We

Amazon QT 23

사도행전 15:36-41

서로 심히 다투어 피차 갈라서니

바울이 바나바에게 주의 말씀을 전한 각 성의 형제들이 어떻게 지내는지 가 보자고 합니다. 바나바가 마가를 데리고 가려 하니 바울이 마가는 전도여행 중간에 함께 일하지 않고 떠나 버린 자니 데리고 가지 않겠다고 하면서 바나바와 심히 다투고 피차 갈라서서 바나바와 마가는 구브로로 가고 바울과 실라는 수리아와 길리기아로 갑니다.

성경에서 "바울과 실라는 수리아로 가고 바나바와 마가는 구브로로 갔다"라고 간단히 이야기하지 않고 바나바와 바울이 심히 다투어 피차 갈라섰다고 구체적으로 서술한 이유가 무엇일까 생각해 봅니다. 마가의 잘못된 행동에 대해 바울은 매우 격분하고 있고 바나바는 이해하며 주의 일을 위해 함께하자는 주장입니다. 바울을 불렀고 품었던 바나바에게조차 원칙을 지켜 나가려는 바울도 대단합니다. 전도여행을 가자고 하는 좋은 마음으로 시작되었는데 두 사도가 심히 다투어 교회와 전도여행을 준비하던 사람들 사이에 분위기가 너무 좋지 않았을 것으로 생각됩니다. 우리 아마존 선교팀은 권위가 나누어지지 않고 하나로 되어 있어 너무 다행입니다. 그런데 혹시 우리 팀원들끼리 분란이 있을 수 있지 않을까 생각해 봅니다. "여행을 가 보면 그 사람을 알 수 있다"는 세상의 말이 있습니다. 여행을 가면 몸이 피곤하여 자신을 포장하는 것이 벗겨진다는 말입니다. 청년 때 캄보디아에 단기선교를 다녀온 적이 있습니다. 건강한 청년 때임에도 피곤해서 사역 중에 혼자 선교관에서 누워 자버렸고 너무 더워 얼굴에 웃음은커녕 짜증난 표정으로 지냈으며, 개미가 기어다니는 음식에 기겁을 하며 먹지 못하고 불평하며 돌아가 먹고 싶은 음식 이야기만 하곤 했던 것을 기억합니다. 돌이켜보면 참 부끄러운 태도였습니다. 하지만 함께 가신 목사님, 집사님들께서 한번도 뭐라고 하지 않으시고 품어 주셨던 것을 느낍니다. 그분들도 힘들었을 것인데도요. 기억에 현지 선교사님과 인솔하신 목사님과 의견 차이를 보이시는 모습도 보았습니다. 현지인들에 대한 우리들의 잘못된 행동에 대한 지적과 노방전도지역을 결정하는 문제였는데 현지 선교사님 주장도 맞고 목사님 주장도 일리가 있었던 것 같습니다. 이번 선교여행에서도 이러한 문제들이 생기지 말라는 법이 없을 것 같습니다. 하지만 이것을 극복하기 위해 나에게 필요한 것이 무엇일까 생각해 봅니다. 첫 번째, 말씀으로 영적무장을 하여 내가 주님의 약속에 따라 예수님을 전하는 사명을 가지고 가는 여행임을 잊지 않아야 할 것입니다. 두 번째, 현지 선교사님들과 우리 두 분의 목사님을 위해 계속 기도해야 할 것입니다. 이분들이 영적싸움에서 이겨야 이번 선교여행이 주님의 은혜가 흘러넘치는 여행이 될 것입니다. 세 번째, 우리 팀원들을 위해 매일같이 서로 기도해야 할 것입니다. 내가 부족한 모습을 보인다 하더라도 나를 위해 기도해 주셨던 분들이라면 이해하고 용납해 주시지 않을까, 그리고 내가 기도한 분들이라면 부족한 모습이 보이더라도 내가 이해할 수 있지 않을까 하는 생각으로 조원들에게 저를 위한 기도를 부탁드렸고 매일같이 조원들을 위해 기도하고 있습니다. 네 번째, 저를 포함하여 많은 분들이 체력적으로 힘들다고 고백하고 있습니다. 여행 시 지치지 않도록 운동하면서 건강한 몸을 만들도록 노력해야 할 것입니다.

고등부·대학부 청년들과 함께 가는데 이들이 젊을 때에 주님의 사랑과 사명을 깨닫는 계기가 되기를, 이들에게 우리가 모범이 되며 그들의 보호막이 될 수 있기를 기도합니다. 우리 팀원 모두 하나 되기를 위해 기도드립니다. 이로써 아마존의 잃어버린 영혼을 추수하는 데 우리가 기쁨이 될 수 있기를 기도합니다. 오늘은 이번 가을에 대학에 들어가는 수림이의 기도를 함께 하기 원합니다. 한국말 기도에 익숙하고 은혜를 더 많이 받는 제가 번역해 보니 수림이의 예쁜 기도에 감동을 받게 되네요.

> My prayer request is that I remain focused on God's love throughout the mission, wholly dependent on Him and entrusting Him with my weaknesses, so that I may serve the people joyfully & humbly.

이번 선교여행 중에 온전히 하나님의 사랑만 바라보고 그분만을 의지하기 원합니다. 나의 약함을 주께 의탁드림으로써 기쁘게 그리고 겸손히 영혼을 섬길 수 있기를 기도드립니다.

● 엘리 : He, 엘라 : She, 엘리스/엘라스 : They

사도행전 16:1-40

주 예수를 믿으라 그리하면 너와 네 집이 구원을 받으리라

바울이 실라와 전도여행을 합니다. 칭찬받는 디모데와 함께 여러 성을 다니니 여러 교회가 믿음이 더 굳건해지고 믿는 자의 수가 날마다 늘어가게 됩니다. 성령의 이끄심에 따라 마게도냐의 빌립보로 가게 되는데 주께서 말씀을 듣고 있던 루디아의 마음을 열어 바울을 청하며 강권하여 자신의 집에 머물게 합니다. 점치는 귀신 들린 여종에게서 귀신을 쫓아내니 그 주인이 돈을 벌 수 없게 되자 바울과 실라를 고발하여 빌립보 관리들이 매로 치고 옥에 가둡니다. 깊은 옥에 가두고 결박했는데 기도하고 찬송하는 중 모두가 자유롭게 됩니다. 간수가 모두 도망간 줄로 알고 자결하려 했을 때 바울이 그를 막습니다. 간수가 "내가 어떻게 하여야 구원을 받으리이까?"(30절)라고 묻자 바울이 "주 예수를 믿으라. 그리하면 너와 네 집이 구원을 받으리라"(31절)라고 답합니다. 간수는 자기 집에 바울 일행을 초대하여 음식을 대접하고 온 집안이 하나님을 믿으므로 크게 기뻐합니다. 빌립보 관리들이 바울 일행이 그 성에서 떠나기를 청하니 루디아의 집에 가서 형제들을 위로하고 떠납니다.

바울은 바나바와의 전도여행에서 뿌린 씨앗으로 루스드라에서 디모데라는 훌륭한 제자를 얻게 됩니다. 성령님의 인도로 오게 된 바울은 또 성령님이 마음을 열어 준 루디아를 통해 빌립보에서 루디아 집에 거하게 됩니다. 하나님의 능력으로 여종에게서 귀신이 나가게 되고 옥에 갇히게 되었지만 하나님의 능력으로 옥문이 열리게 됩니다. 이것을 본 간수가 묻습니다. "어떻게 해야 구원을 받습니까?" 우리에게는 너무나 당연한 것을 간수가 질문합니다. 그 자리에 있었다면 저도 바울처럼 대답할 것입니다. "주 예수를 믿

으라. 그리하면 너와 네 집이 구원을 받으리라." 그리고 루디아의 집이 빌립보에서의 믿는 형제들이 모이는 곳, 교회가 됩니다. 성령님의 이끄심으로 삼십여 년 전에 박동실 선교사님을 그곳으로 보내시어 인디오형제들과 함께 지내게 되었고 성령님의 이끄심으로 이진석 선교사님께서 사역을 이어 아마존형제들을 섬겼으며, 성령님의 이끄심으로 이십여 년 전 고 목사님이 인디오형제들을 섬기게 되었고 지금 성령님의 이끄심으로 저는 아마존 단기선교를 신청하고 아마존형제들을 섬길 준비를 하고 있습니다. 아마존에서 성령의 이끄심으로 만날 어떤 인디오가 "지금의 삶이 너무나 좌

절스럽고 앞으로 어떻게 살아야 할지 모르겠고 나는 너무나 약한 존재입니다. 이러한 삶에서 나는 어떻게 구원을 받을 수 있나요?"라고 물으면 그에게 자신있게 이야기할 것입니다. "주 예수님을 믿으세요. 그러면 당신과 당신 가족 모두 구원받습니다."

성령님의 인도하심을 간구합니다. 우리는 "땅끝까지 이르러 내 증인이 되리라"는 주님의 약속에 따라 그곳에 갑니다. 성령님께서 구원받을 영혼을 예비하사 우리들이 성령님의 인도하심에 따라 그를 만나고 그에게 예수님을 믿으면 구원을 얻는다는 진리를 전하도록 인도하여 주시옵소서.

🌐 빠이 : Father, 으잉 : Mother

사도행전 17:1-9

재이슨을 위로하며

바울 일행은 데살로니가에 가서 회당에서 말씀을 전하며 여전히 예수님이 그리스도라고 증언합니다. 귀부인들을 포함한 큰 무리가 바울과 실라를 따르게 됩니다. 하지만 역시 시기하는 유대인들이 야손(Jason, 재이슨)의 집에 침입하여 바울 일행을 찾으려 했으나 찾지 못해 야손과 그 형제들을 붙잡아 "야손이 그들을 맞아 들였도다. 가이사의 명을 거역하고 예수가 임금이라고 하는 자이다"라며 야손을 고발합니다. 다행히 야손과 그 형제들은 보석금을 내고 풀려납니다.

루디아의 집에서 빌립보교회가 시작된 것처럼 야손의 집에서 데살로니가교회가 시작되었습니다. 빌립보에서는 바울과 실라가 옥에 갇히는 능욕을 당하지만 데살로니가에서는 아직 믿음이 자라지 못한 야손이 붙잡히는 능욕을 당합니다. 그 지역에서 처음 믿는 자이기 때문에 당하는 고난일 것입니다. 저는 집안에서 처음으로 믿음을 가진 후 앞으로 제사를 지내지 않겠다고 큰아버지께 선언한 후 받은 질타와 고난을 기억합니다. 아마존의 믿지 않는 부족민들 가운데 예수님을 처음으로 믿게 된 야손이 있을 것입니다. 그가 수백 년, 수천 년 동안 내려왔던 그 부족의 관례를 깨고(가이사의 명을 거역하고) 믿음을(예수님은 나의 왕이시다) 지켜 나갈 때 받는 고난과 그것으로 인한 외로움을 생각해 봅니다. 아직 믿음이 확실하지 않고 내가 왜 이렇게 살아야 하는가 그리고 무엇 때문에 고난을 받아야 하는가 하는 갈등이 있어 흔들릴 때도 많을 것입니다. 지치고 힘든 그가 오랜 시간을 걸려 찾아가는 우리를 보러 더 오랜 시간을 걸려, 몇날 며칠을 배를 타고 걸어올 것입니다. 그에게 다가가 꼭 안아 주고 싶습니다. 이 고난은 정말 가치 있는 고난이며 하나님께서 정말 기뻐하시는 잃어버린 영혼을 구하는 데 중요한 역할을 담당하는 것이라는 것을, 그리고 진정으로 주님께서 형제님을 사랑하고 형제님의 노고를 기억하신다는 것을 이야기해 주고 싶습니다. 야손으로 말미암아 데살로니가교회가 세워져 많은 믿는 자가 생기게 된 것 처럼 형제님은 믿음의 선구자입니다.

아마존 각 부족에서 믿음생활을 하는 우리 인디오형제님들을 위해 기도하기 원합니다. 그들이 굳건히 세워져서 더 많은 영혼이 주님께 돌아올 수 있는 디딤돌이 되게 하시고 이들의 어려움을 헤아려 주시어 그들의 필요를 채워 주시고 마음의 위로를 허락하여 주시옵소서.

아침에 오늘의 말씀을 묵상하면서 신앙의 불모지에서 믿음을 지키느라

몸부림치는 아마존의 인디오형제님들을 생각하니 흐르는 눈물을 멈출 수가 없습니다. 믿음 때문에 자신이 태어나고 자랐던 마을을 떠나 불모의 땅을 이십 년 동안 개간하여 새로운 믿음의 터전을 건설한 거룩한믿음교회의 인디오선교사 아데나우손 형제의 영육간의 강건함을 위해 기도합니다.

● 일므응 : Brother, 일므 : Sister

사도행전 17:10-34

하나님을 더듬어 찾아 발견하게 하려 하심이로되 그는 우리 각 사람에게서 멀리 계시지 아니하도다

바울과 실라는 데살로니가 유대인들에 쫓겨 베뢰아로 갔다가 아덴으로 가게 됩니다. 압도하는 우상과 건물, 그리고 에피쿠로스학파와 스토아학자들을 맞닥뜨리게 된 바울은 기죽지 않고 그들 앞에서 예수님과 부활을 전합니다. 아레오바고로 붙들려 가게 된 바울은 "너희가 알지 못하고 위하는 그것을 내가 너희에게 알게 하리라"(23절)며 천지의 주재이신 하나님의 존재를 이야기하는데 그는 인류의 모든 족속을 한 혈통으로 만드사 온 땅에 살게 하시고 그들의 연대를 정하시며 거주의 경계를 한정하셨으니 이는 하나님을 더듬어 찾아 발견하게 하려 하심이라고 하면서 하나님의 존재를 설파하고 예수님의 부활을 증거합니다. 이에 어떤 사람은 조롱하지만 아레오바고 관리 등 몇 사람은 믿게 됩니다.

한국을 떠나 참 먼 곳까지 와서 살고 있습니다. 미국에서 살아 보니 경제적으로 부유하고 강대하다고 하는 미국도 살아가는 모습은 한국과 별반 차이가 없습니다. 사회적 문제, 개인적인 희로애락, 그 가운데 신실하게 예수님을 믿고 하나님의 존재를 찾아 인정하며 살아가는 많은 믿는 자들을 목격하게 됩니다. 이제는 또 그만큼 먼 곳으로 가 보려 합니다. 한

국보다도 경제적으로는 발전하지 못한 곳이며 그 나라 안에서도 오지 중의 오지로 가는 것입니다. 그곳에 가서도 바울이 설파한 이 내용이 맞는지 확인하려 합니다. 인류의 모든 족속을 한 혈통으로 만드사 온 땅에 살게 하시고 그들도 하나님을 더듬어 찾아 발견하고 있는지 보려고 합니다. 멀리 있지 않고 우리들 가까이 계시는 하나님을, 그들도 똑같이 그들 가까이 존재하시는 하나님을 우리가 목격하는 것입니다.

어떤 작은 한 점에서 폭발이 일어나 우연에 우연에 우연을 거쳐 지금의 우리가 존재한다는 지금의 스토아학자들이 주장하는 저로서는 이해하기 힘든 빅뱅이론이(학문적으로 훌륭한 과학이론이라는 것은 알고 있습니다만) 아니라 자연계시로 주시는 하나님의 존재가 저에게는 더 마음에 와 닿는 것은 무엇 때문일까요? 하나님의 존재를 깨닫게 해 주신 주님께 감사드립니다.

아마존의 영혼들이 그들 가까이에 존재하시는 하나님을 더듬어 찾아 예수님을 믿음으로써 그 앞에 무릎 꿇고 섬기며 살아갈 수 있기를 기도드립니다. 아마존의 대자연을 바라보면서 하나님의 창조에 대한 경이로움을 다시 느끼고 그 존재를 확인하고 돌아올 수 있기를 기도합니다. 오늘은 영적 불모지였던 아마존에서 30여 년간 영혼들을 돌보시고 은퇴하신 박동실/홍성애 선교사님을 위해 기도하기 원합니다. 평생 동안 아마존을 위해 기도하시고 피와 땀과 눈물을 흘리신 수고에 마음이 숙연해집니다. 인디오들을 향한 두 분의 마음은 우리와는 다른 남다른 사랑의 마음이란 것을 알고 있습니다. 선교사님 인생의 황혼기에 한국에서 주님이 주신 또 다른 사역을 은혜 가운데 수행할 수 있는 힘을 허락하시고 선교를 떠나는 후학들에게 큰 도전을 심어 줄 수 있기를 기도드립니다.

* 박 선교사님은 한국에서 이주민대상 교육사역을 하시고 홍 사모님은 아프리카를 향한 복음적 종이접기사역과 어린이전도협회에서 어린이사역자훈련에 매진하고 계십니다.

● 쁘리모/쁘리마 : Cousin

Amazon QT 27

사도행전 18:1-17

분풀이로 두들겨 맞은 소스데네

바울은 고린도에 가서 아굴라와 브리스길라를 만나 함께 천막을 만들며 생업을 유지하면서 안식일마다 회당에서 예수님을 증언합니다. 회당 옆의 디도 유스도의 집에서 거주하며 회당장 그리스보를 포함하여 많은 고린도 사람들이 주를 믿고 세례를 받습니다. 주께서 환상 가운데 바울에게 "두려워하지 말며 침묵하지 말고 말하라. 내가 너와 함께 있으매 어떤 사람도 너를 대적하여 해롭게 할 자가 없을 것이니"(9-10절)라고 하십니다. 갈리아가 총독이 되었을 때 유대인들이 바울을 법정으로 데리고 가지만 갈리아는 고발조건이 합당하지 않다고 모두 법정에서 쫓아냅니다. 유대인들은 분풀이로 회당장 소스데네를 법정 앞에서 때립니다.

회당장 그리스보는 예수님을 믿게 되었는데 갑자기 또 다른 회당장 소스데네가 분풀이로 유대인들에게 두들겨 맞습니다. 소스데네가 누구인지 무슨 일이 일어났는지 한번 찾아보았습니다. 고린도전서 말씀을 읽으면서 전혀 인지하지 못하고 그냥 지나쳤던 인물이네요(고전 1:1). 바울과 함께 고린도교회 성도들에게 안부와 평강을 전하는 인물입니다. 갈리아 앞에서 바울을 고발할 때는 예수님을 믿게 된 상태인지 아닌지는 잘 모르겠습니다. 하지만 그리스보를 이어서 바울을 고발할 때는 회당장으로 있었습니다. 유대인들을 대표하여 고발 내용을 잘 작성하지 않은 이유로 두들겨 맞아서 이후 화가 나서 바울 편이 되었을 수도 있겠고 이미 이전 회당장 그리스보처럼 믿는 자가 되었는데 숨기고 유대인들 편에서 몰래 바울을 보호했는지도 모르겠습니다. 환상 가운데 바울에게는 해롭게 할 자가 없다고 했기에 대신 소스데네가 회당을 관리 감독하는 회당장으로서 능욕을 당하게 되었습니다. 그래도 고린도전서에 자기의 이름이 자랑스럽게 나오게 됩니다. 바울과 함께 말입니다. 아마존에서 혹은 전도대상이 있는 지역에서 혹시 내가 능욕을 당할지라도 하나님 나라의 명부에 소스데네처럼 이름이 적혀 만세에까지 불리며 주님께서 나를 기억해 주신다면 이것 또한 큰 영광이지 않을까 생각하며 주를 위해 받는 고난에 대해 항상 기쁘게 여길 수 있는 마음을 허락해 주실 것을 기도드립니다.

주를 위해 받는 고난과 능욕에 대해 기쁨으로 받아들을 수 있는 마음을 허락해 주시며 그 고난을 감사함으로 보답하는 자가 되기를 기도합니다. 오늘은 상파울로에서 보내온 에스더 자매의 기도편지를 함께 나눕니다. 포르투갈어가 아니고 영어라서 다행입니다. 영어가 반갑기는 참 오랜만입니다.

A few months ago, I was living in Canada, so when I returned home to Brazil, I was not expecting to go on a mission trip in July. There are still many uncertainties regarding my next steps, but I am thankful that God has once again given me the opportunity to visit the Amazon. My prayer request is that I may have a humble and obedient heart—that I may have the courage to say "yes" to God and obey Him. I ask for prayer that I may let go of my doubts and fears and to truly rely on Him. I don't fully understand why He wants me to return to the Amazon or what He has prepared there, but my prayer is to trust that His will is far greater and better than my own. Regardless of what I have to offer, I ask that He'd use me as an instrument for His kingdom and a blessing to His people.

저는 몇 달 전까지 캐나다에서 지내다가 브라질로 돌아왔기 때문에 7월에 선교여행을 가리라고는 생각지도 못했습니다. 앞으로의 진로가 여전히 불확실하지만 아마존에 다시 갈 수 있는 기회를 허락해 주신 주님께 감사드립니다. 저의 기도제목은 하나님께 "예"라고 답하며 순종하는 용기, 즉 겸손하고 순종하는 마음을 가지기를 기도드리며 의심과 두려움을 내려놓고 온전히 주님을 의지할 수 있기를 기도드립니다. 왜 주님께서 저를 아마존으로 다시 가게 하시는지, 무엇을 예비해 두셨는지 이해하지는 못하지만 저의 기도는 그의 인도하심이 나의 계획보다 훨씬 크며 좋을 것이라는 것을 믿는 것입니다. 제가 무엇을 드릴 수 있든 저를 주님의 나라를 위한 도구로 사용하시고 주의 백성에게 축복의 통로로 사용되기를 기도드립니다.

● 아보/아버 : Grandfather/Grandmother

Amazon QT 28

사도행전 18:18-19:7

요한의 세례와 성령세례

바울은 일찍이 서원이 있었으므로 겐그레아에서 머리를 깎습니다. 바울은 브리스길라와 아굴라를 에베소에 머물게 하고 안디옥에 돌아갔다가 갈라디아와 브루기아 땅을 차례로 다니며 모든 제자를 굳건하게 합니다. 언변이 좋고 성경에 능통한 아볼로가 주의 도를 배워 열심히 예수에 관한 것을 자세히 말하며 가르치나 요한의 세례만 알기에 브리스길라와 아굴라가 더 정확히 풀어 알려 주니 아볼로는 성경 말씀으로 예수는 그리스도라고 증언하며 믿는 자에게 많은 유익을 줍니다. 바울은 에베소에서 어떤 제자들을 만나는데 이들도 요한의 세례만 받았다 하여 예수의 이름으로 세례를 받게 하니 성령이 임하여 방언도 하고 예언도 하게 됩니다.

바울이 어떤 서원이 있어 머리를 깎았는지 명확히 나와 있지는 않지만 저도 아마존에 가기 전에 머리를 깎고 가려 미용실에 예약을 해야겠습니다. 몸과 마음을 가다듬고 선교여행을 가도록 하겠습니다. 세례 요한이 외쳤던 것이 "회개하라. 천국이 가까이 왔다"였습니다. 아볼로와 에베소의 제자들은 이 외침에 회개하고 물로 요한의 세례를 받았을 것입니다. 그런데 부족한 것이 있었네요. 진정한 구원자이신 예수님을 믿고 죄 사함을 받고 천국에 가는 것입니다. 이때 성령님이 그들에게 오시는 성령세례를 받게 되어 성령의 능력과 열매가 나타나게 되었습니다. 아볼로는 말씀으로 예수는 그리스도라고 전하는 은사로 많은 자들에게 유익을 주게 되고, 에베소 형제들은 성령세례를 받음으로 방언도 하고 예언도 하게 됩니다. 사도행전을 읽으면 계속 성령의 이끄심을 보여 주시는데 그래서 사도행전을 '성령행전'이라고 하나 봅니다. 내게 오신 성령으로 말미암아 은사와 열매를 아마존에서 풍성히 나타내고 오기를 기도합니다.

우리 아마존 선교팀 한 분 한 분이 사람의 힘으로 아마존의 영혼을 섬기는 것이 아니라 성령의 인도하심으로, 성령의 능력으로 섬길 수 있기를 기도합니다. 오늘은 고등부 예슬이의 기도를 함께 합니다. 저는 고등학생 때 나 자신 외에는 다른 생각없이 살았는데 예슬이는 주님의 나라를 꿈꾸며 살고 있네요.

> My prayer request is that I may walk in constant surrender to God's will throughout the mission, drawing strength from His presence, so that even in moments of weariness or uncertainty, His light may shine through me as I serve with humility, compassion, and steadfast faith.

이번 선교기간 내내 주님의 뜻에 온전히 순종하고 그분의 임재로부터 힘을 얻어 나아가기를 바라며 비록 지치고 불안한 때가 있더라도 겸손함과 측은함과 흔들림 없는 믿음으로 섬김으로써 주님의 빛을 저를 통하여 비추어 주시기를 기도합니다.

● 찌오 : Uncle, 찌아 : Aunt

Amazon QT 29

사도행전 19:8-41

주의 말씀이 힘이 있어

바울이 두란노 서원에서 두 해 동안 강론하니 아시아에 사는 자들이 주의 말씀을 듣게 되며, 바울의 손으로 놀라운 능력을 행하게 되니 떠돌이 마술사와 유대 제사장 아들들도 따라해 보지만 도리어 악귀의 공격을 받습니다. 이 일로 마술사들은 은 오 만이나 되는 비싼 마술책들을 사람들 앞에서 불태워 버립니다. 이와 같이 주의 말씀이 힘이 있어 흥왕하여 세력을 얻습니다. 아데미 신상 모형을 만들어 팔아 풍족한 생활을 하던 자들이 우상은 신이 아니라고 하며 자기들의 영업에 위협이 된 바울과 같이 다니는 가이오와 아리스다고를 붙들어 연극장으로 가지만 사람들마다 의견이 갈리어 왜 모였는지조차 모르게 됩니다. 서기장이 바울과 그 믿는 자들이 아데미 신전의 물건을 도둑질하지 않고 여신을 비방하지도 아니하였으니 이 고발집회는 불법이므로 흩어지게 합니다.

예수님에 대한 믿음이 없이 자기 욕심에 따라 행하는 능력은 남을 속이는 마술이지 진정한 능력이 아니라는 것을 알게 된 마술사들이 자기들에게 돈을 벌어다 주는 마술책을 스스로 태워 버리는 역사가 일어납니다. 그리고 아데미 신상 모형을 만들어 팔아 좋은 수익을 올리는 자들이 사람의 손으로 만든 것들은 신이 아니라고 하는 말에 격분하지만 그 격분이 합리적이지 않다는 것으로 주님께서 보호하여 주십니다. 오랫동안 사업을 하고 있는 저도 많은 사람들이 조그마한 금전적인 이익에도 매우 민감하게 행동한다는 것을 알고 있습니다. 주의 말씀은 그들의 개인적인 이익을 깨뜨릴 정도로 힘이 강하며 그들의 고발도 무력화시킬 수 있다는 것을 보게 됩니다. 주님의 말씀은 삭개오가 자신의 소유의 절반을 가난한 자에게 나누어 주게 하는 힘이 있습니다. 세상 사람들은 전혀 이해하지 못할 힘입니다. 우상을 숭배하고 살아가고 있을 아마존의 믿지 않는 영혼들이 하나님의 말씀으로 자신들의 이익을 포기하고 주께 돌아오는 역사가 일어나기를 기도합니다.

아마존의 인디오에게 주의 말씀을 전할 때 그들이 믿는 우상의 것들을 우리가 훼손(도둑질)하지 않고, 비방하지 않고(분란이 일어나지 않고), 그들이 예수님을 믿고 구원받아 그들 스스로가 불태울 수 있도록 그들과 우리를 준비시켜 주시기를 기도드립니다.

오늘은 소피아 집사님을 소개하고 기도제목 나누기를 원합니다. 절친이신 애슐리 집사님과 함께 사역반을 마쳤으며 막바지에 고 목사님의 권유로 함께 아마존 선교를 신청하셨다고 합니다. 좋은 믿음의 친구가 있어 부럽습니다. 드리고 있는 기도로는 벌레에 물릴까 봐 걱정되고 찬양율동도 잘 못하지만 선교는 하는 것(Doing)이 아니라 가 있는 것(Being)이라는 고 목사님의 말씀처럼 하나님이 가장 기뻐하시는 복음 전하는 사명을 감당하고자 하며 고 목사님, 이 목사님과 모든 팀원들의 건강을 지켜 주시기를 그리고 이번 선교를 통해 다시 한번 하나님의 역사하심을 보기를 소망하고 기도하고 있습니다.

● 아미고/아미가 : Friend

사도행전 20:1-12

유두고 추락사건의 원인과 책임은 누구에게 있는가?

바울은 마게도냐와 헬라를 거쳐 아시아로 가는 자들과 함께 드로아로 갑니다. 바울이 이레를 머물고 이튿날 떠나고자 하여 그들에게 강론을 밤중까지 계속합니다. 청년 유두고가 창에 걸터 앉아 깊이 졸더니 바울이 강론하기를 더 오래하므로 졸음을 이기지 못하여 삼 층에서 떨어지게 됩니다. 일으켜보니 죽었습니다. 바울이 그 몸을 안고 말하되 생명이 그에게 있다 하고 아침에 바울은 떠납니다. 청년은 살아나 사람들이 위로를 받았습니다.

전도여행 중 안전사고가 발생했습니다. 바울은 급히 떠나야 해서 말씀 강론을 밤 늦게까지 하게 됩니다. 청년 유두고가 삼 층 창에 걸터 앉아 말씀을 듣다가 졸음을 이기지 못하여 떨어져 죽게 됩니다. 결국 하나님의 은혜로 다시 살게 됩니다만 이 사고로 그곳에서 많은 혼란이 있었습니다. 그리고 하나님의 은혜가 아니었다면 정말 불행한 일이 생길 뻔했습니다. 함께 있던 사람들이 얼마나 많이 놀랐을지 상상할 수 있습니다. 제가 생각하기에 원인은 안전불감증이며 책임은 그곳에 있었던 모두들입니다. 바울이 늦게까지 강론을 해서도 아니고, 말씀이 지루해서도 아니고, 유두고가 졸아서도 아닙니다. 앉지 말아야 할 창틀에 걸터 앉았고 또 아무도 이것을 말리지 않았다는 것입니다. 여행 중에 사고가 나면 여행은커녕 모든 일정이 망쳐질 수 있고 피해가 있게 된다면 은혜는 고사하고 혼란과 질타와 해결을 위한 오랜 시간

동안의 고통스러운 수고가 따르게 됩니다. 여행을 가면 마음이 들떠 있을 수 있습니다. 행동할 때 항상 바르고 안전하게 행하여야 할 것이고 고 목사님, 이 목사님. 한 팀장님의 지시를 잘 따라야 할 것입니다. 그리고 조금이라도 안전하지 못한 행동을 한다면 서로에게 관심을 가지고 이야기해 줘야 할 것입니다. 선교센터에서도 현지 선교사님들의 지시와 선교관에서 지켜야 할 수칙을 잘 따라야 할 것입니다. 변이코로나가 기승을 부린다고 합니다. 혹시 우리 여행 때 여행제한이 걸려 공항이 폐쇄되는 일이 일어날까 우려가 됩니다만 지금 우리가 할 일은 우리 자신이 코로나에 걸리지 않도록 개인위생에 신경을 많이 쓰는 것입니다. 설마 내가 걸리겠어 하며

함부로 행동하지 말아야 할 것입니다. 그리고 김훈 집사님께서 수고해 주셔서 먹게 될 말라리아 약도 시간에 맞추어 잘 복용해야 할 것입니다.

이번 선교여행이 주님의 보호하심에 따라 안전한 여행이 될 수 있기를 기도합니다. 개인적인 행동과 과한 행동을 하지 않고 서로를 보살펴 주기를 원하며 리더십에 순종하여 은혜로운 여행이 되어 안전하게 가족의 품에 돌아올 수 있기를 기도합니다. 오늘은 아마존 미전도 종족인 사테레마웨족을 위해 기도합니다. 세상을 창조하신 하나님의 존재를 깨닫게 하시고 예수님으로 말미암아 구원을 받게 하시고 그들이 가지고 있는 불개미장갑의 구습에서(불개미를 넣어 둔 장갑에 손을 넣어 견디는 성인식 통과의례) 헤어나올 수 있기를 기도드리며 그들의 삶이 복음으로 말미암아 개선되어 생존의 위협에서 지켜지기를 기도드립니다.

● 코모 보쌔 애스따? : How are you?
　애쓰또우 (무이또) 뱅 : I am (very) good

Amazon QT 31

사도행전 20:13-38

예루살렘으로 가는 것이 나에게는 무엇인가?

바울은 예루살렘으로 가기 전에 밀레도에서 에베소교회 장로들을 불러 말을 합니다. 유대인의 간계로 인한 시험을 참고 주를 섬겼으며 유익한 것은 공중이나 각 집에서 거리낌이 없이 전하고 가르쳤고 이는 회개와 예수 그리스도에 대한 믿음을 증언한 것이라고 합니다. 성령이 알려 주시기를 예루살렘에는 결박과 환난이 기다린다 하시나 복음을 증언하는 것은 나의 생명조차 조금도 귀한 것으로 여기지 아니하노라고 합니다. 여러분들은 다시 나를 보지 못할 것이지만 사나운 이리로부터 본인들과 양 떼를 보살피라고 합니다. 삼 년 밤낮을 쉬지 않고 눈물로 각 사람을 훈계하던 것을 기억하라고 합니다. 금과 은을 탐하지 않았고 직접 벌어서 생활비와 여비를 충당하는 것을 모본으로 삼아 약한 사람을 돕고 예수님의 말씀이신 주는 것이 받는 것보다 복이 있다 하심을 기억하라고 합니다. 모두들 함께 기도하며 크게 울고 바울을 전송합니다.

그동안 여러 지역에서 유대인의 핍박을 받아 왔던 바울이 유대인의 본거

지인 예루살렘으로 가기 전에 에베소교회 장로들에게 고별인사를 하는 장면입니다. 성령이 결박과 환난이 있을 것이라고 알려 주시는 것은 예수님이 예루살렘에 입성하기 전의 모습을 떠올리게 합니다. 예수님은 우리를 죄에서 구원하시기 위한 하나님의 뜻에 순종하여 어린양으로 예루살렘에 입성하셨고 바울은 그 예수님이 그리스도라는 복음을 증언하기 위해 자신의 생명조차 조금도 귀한 것으로 여기지 않으며 예루살렘으로 향합니다. 예수님께서 많은 기적과 은혜의 말씀과 회개를 위한 질책 후 예루살렘으로 들어가신 것과 마찬가지로 바울도 눈물로 훈계하였고 복음을 전하는 데 최선을 다하였고 이제는 환난이 있을 예루살렘으로 간다고 합니다. 그러면 나에게는 예루살렘으로 가는 것이 어떤 의미가 있을지 상고해 봅니다. 고난과 환난이 있을 것임을 뻔히 알면서 가지 않아도 될 예루살렘으로 가는 것은 하나님의 뜻에 순종하는 것이라는 것을 깨닫게 됩니다. 복음을 위해서 말입니다. 내가 아마존에 가는 것은 그렇게 큰 환난이 있지는 않겠지만 세상 정말 안락한 미국 어바인에서 말라리아를 걱정하며 깨끗한 물과 음식과 편안한 잠자리를 포기하고 무엇이 있을지 모를 아마존에 복음을 전하기 위함입니다. 이는

주님께서 사명으로 주신 복음을 전하라는 말씀에 순종하기 위해 가는 것입니다. 순종하기 위해 가겠습니다.

예수님과 바울이 고난이 있을 것을 알고도 하나님의 뜻에 순종하기 위해 예루살렘으로 간 것처럼 복음의 사명을 위해 아마존에 가는 순종을 허락해 주심에 감사드립니다. 오늘은 애슐리 집사님을 소개하고 기도제목을 나눕니다. 소피아 집사님의 절친이시며 가족으로 남편이신 윌리암 집사님과 이튼과 제이콥 두 아들이 있습니다. 남편과 두 아들이 하나님을 인격적으로 만나 더 깊은 관계에 들어갈 수 있기를 기도하고 있으며 아마존 선교여행의 준비과정에서부터 마지막까지 우리 팀원들이 한마음이 되어 서로 사랑하며 끝까지 영적 싸움에서 이길 수 있기를 기도합니다.

● 데우스/제수스 쯔/아마 : Deus/Jesus loves you

Amazon QT 32

사도행전 21:1-40

말리는 제자들과 죽을 각오로 가는 바울

제자들이 성령의 감동으로 예루살렘으로 들어가지 말라고 바울에게 이야기하고 선지자 아가보도 성령이 말씀하시되 바울이 결박될 것이라고 예루살렘으로 올라가지 말라고 권합니다. 하지만 바울이 주 예수의 이름을 위하여 예루살렘에서 죽을 각오를 하였다고 하니 제자들은 "주의 뜻대로 이루어지이다"라고 하면서 예루살렘에 가지 말라고 청하는 것을 그쳤습니다. 바울은 결국 예루살렘에 가게 되고 예루살렘의 장로들에게 그동안의 사역을 보고하고 믿는 동행자들과 결례(缺禮, purification)를 행하였습니다. 아시아로부터 온 유대인들이 바울을 보고 무리를 충동하여 바울은 천부장에게 잡히게 됩니다. 하지만 천부장의 허락을 받아 백성들에게 말할 수 있는 기회를 허락받습니다.

사도행전이 성령행전이므로 성령의 역사에 좀 더 집중적으로 묵상하고 있는데 의문점이 생겼습니다. 바울은 성령에 매여 예루살렘으로 간다고 했는데 제자들과 선지자 아가보에게 나타난 성령은 예루살렘으로 가는 것을 말립니다. 한 성령님이신데 어떻게 충돌이 일어났을까 궁금합니다. 그런데 좀 더 자세히 보면 제자와 아가보에게 나타나신 성령님은 예루살렘에서 일어날 일을 보여 주신 것이지 가지 말도록 막으신 것은 아닌 것으로 보입니다. 가지 말도록 이야기한 것은 우려에서 나온 제자들의 바람이라고 느껴집니다. 성령에 매여 예루살렘에서 죽을 각오를 하고 있다는 바울의 말에 그들의 청은 그치게 됩니다. 바울은 예루살렘에 입성해야 하는 사명이 있었습니다. 하지만 입성을 말리는 제자들에게 성령님께서 바울의 환난을 보여 주신 이유가 무엇이었을까 생각해 봅니다. 사지로 가는 바울을 위해 끊임없이 기도하라는 뜻이 아닐까 생각합니다. 저도 아마존에 선교여행을 간다고 하니 지인 몇 분이 왜 그렇게 위험한 곳에 가냐고 말립니다. 그렇게까지 위험하지 않다고 이야기하면서 하나님께서 주신 뜻과 사명이 있어 간다고 하니 수긍하며 조심히 다녀오라고 합니다. 이때 이분들에게 기도를 부탁드렸습니다. 믿는 분들은 저의 안전과 인디오 영혼구원을 위해 기도하실 것이고 믿지 않는 분들은 무엇 때문에 이 위험한 여행을 하는지 다시 생각해 보는 계기가 될 것입니다. 아마존에서 돌아올 때 아사이베리 분말(Açaí powder)을 구입해서 이분들에게 선물로 나눠드리면서 아마존에서 하나님께서 보여 주실 놀라운 역사를 증언한다면 이번 전도여행은 아마존 영혼을 구할 뿐아니라 또한 이곳의 믿지 않는 분들을 구할 수 있는 좋은 전도의 도구가 되리라 생각합니다. 가족, 친지, 친구, 지인 등 주변의 아직 믿지 않는 분들이 예수님을 믿고 구원받기를 기도합니다. 이번 전도여행을 통해 살아 계신 하나님을 증거하여 이들로 하나님의 존재와 구원의 섭리를 깨닫게 되어 진심으로 예수님을 영접하기를 기도드립니다.

오늘은 박희숙 권사님의 기도를 함께 하도록 하겠습니다. 환갑기념으로 허진용 장로님과 함께 가는 아마존 선교여행을 위한 기도로 우리 팀원들이 하나가 되게 하시고 낯선 환경과 기후 속에서 건강하게 다녀올 수 있기를, 만나는 영혼들에게 복음을 잘 전하고 은혜가 넘치는 현장이 될 수 있기를, 이번 선교를 통해 믿음이 더욱 견고해질 수 있기를 그리고 체력적으로 팀원들에게 부담을 주지 않기를 기도하십니다.

● 데우스/제수스 찌 아벵쏘이 : God/Jesus bless you

Amazon QT 33

사도행전 22:1-23

바울은 누구이며 나는 누구인가?

천부장에게 잡힌 바울은 대중 앞에서 히브리말로 변론을 합니다. 유대인으로 길리기아 다소에서 났고 가말리엘의 문하에서 율법을 엄하게 배웠으며, 예수님을 믿는 자를 박해하여 죽이기까지 하고 결박하여 옥에 넘겼습니다(그리고 스데반의 죽음에 찬성하고 죽이는 사람들의 옷을 지키는 자였습니다). 다메섹에 있는 믿는 자들을 예루살렘에 끌어다가 형벌을 받게 하려고 가는 도중 예수님께서 바울에게만 나타나셔서 눈이 멀게 되었는데 왜 나를 박해하느냐고 하셨습니다. 제자 아나니아를 통해 다시 보게 되고 하나님이 너를 택하여 하나님의 뜻을 알게 하시어 그를 위하여 모든 사람 앞에서 보고 들은 것에 증인이 되리라고 말씀해 주십니다. 하나님께서 바울을 이방인에게로 보내리라는 말까지 들은 유대인들은 격분하여 바울을 죽이자고 합니다.

저는 한국의 지방 소도시에서 믿음이 전혀 없는 가정에서 태어나 세상의 것만 바라보고 살아온 자입니다. 하지만 하나님의 은혜로 집 앞에 있는 교회를 어릴 때 혼자 다니게 되었고 세상의 최고의 신은 하나님이시라는 것을 믿음으로 몸이 약해 자주 악몽을 꾸던 저를 하나님께서 지켜 주셨습니다. 학업과 세상의 부와 명예를 좇아 하나님을 떠나 있을 때에 믿지 않는 자들과 함께 크리스천들의 부도덕한 모습과 위선과 그들만의 배타성을 비난하곤 했습니다만 그당시 그들보다도 더 자기자신만을 위해 살았던 제 모습이 생각납니다. 인생에 있어 고난과 시험이 있을 때마다 의지하고 바라볼 분은 하나님밖에 없음을 깨닫게 됩니다. 하나님께서는 저를 사랑하사 택하여 주셨고 예수님의 핏값으로 구원해 주셔서 가장 좋은 것들로만 저에게 허락해 주고 계심을 알게 되고 지금까지 삶의 모든 것들이 은혜임을 깨닫고 그 은혜에 빚진 자로 살아가고자 하는 믿음의 성도입니다. 믿지 않는 자들이 저를 예수에 미친 자라고 이야기할 정도의 삶을 살기 원하며 그들의 영혼을 구하는 데 한 부분의 역할을 담당하기를 기도드립니다. 이렇게 바울처럼 저만의 스토리를 이야기하며 아마존의 잃어버린 영혼들에게 예수님을 전하기를 원합니다. 그러나 바울처럼 히브리어(나에게는 포르투갈어)가 되지 않음에 부족함을 많이 느끼지만 그 마음만은 주님께서 아실 것이라고 생각됩니다.

포르투갈어 기본회화 공부를 소홀히 해 왔는데 남은 기간 동안이라도 주어진 단어와 인사말 등은 완전히 암기해서 인디오 사람들과 간단히 소통할 수 있기를 기도합니다. 최승철 집사님의 기도로 비록 언어는 통하지 않지만 인디오 영혼들과 깊은 영성교제를 할 수 있도록 우리와 그들의 마음을 열어 주시기를 기도드립니다.

오늘은 기미나 집사님의 기도를 함께 하도록 하겠습니다. 미나 집사님은 동향 출신으로 담 하나 사이를 공유한 같은 재단의 중학교를(미나 집사님은 여중, 저는 남중) 다니신 분이라 저에게는 남다른 분인데 함께 선교여행을 가게 되어 참 반갑습니다. 아마존 선교를 통하여 하나님의 섭리를 보기 원하며 주님을 더욱더 사랑하며 친밀해지는 시간이 되기를 바라며 남편이신 기지서 집사님과 동일한 기도제목으로 체력적으로 팀원에게 민폐가 되지 않기를 기도하며 돌아와서도 매일같이 하나님의 살아 계심을 경험하며 살기를 기도하고 있습니다.

🌐 뱅 빙도 : Welcome

사도행전 22:24-30

위로하는 한국인과 안전을 보장받는 미국 시민권

먼지를 날리면서 옷을 벗으며 떠드는 소요에서 벗어나 천부장은 바울을 영내로 데려와서 왜 사람들이 그에 대하여 떠드는지 알려고 채찍질로 심문하려 합니다. 그러자 바울은 자신이 로마 시민이라고 합니다. 천부장은 자기는 돈을 많이 들여 로마 시민권을 얻었는데 바울은 나면서부터 시민이었다고 하니 바울을 결박한 것 때문에 두려워하며 결박을 풀고 제사장들과 온 공회를 모아 바울을 그들 앞에 세우게 됩니다.

천부장도 참 웃깁니다. 소요를 일으키는 유대인들에게 무슨 일인지 물어봐야 하는데 대뜸 평화롭게 행동한 바울에게 채찍질을 해서 저 사람들이 왜 너를 죽이지 못해 난리인지 심문하며 물어보려고 한 것은 지배자들이 피지배자 국민들을 함부로 대하는 모습을 떠올리게 됩니다. 다행히 바울이 로마 시민권이 있음을 알리고 채찍질을 피하고 결박에서 풀리며 정당하게 공회에서 변론할 기회를 얻습니다. 사업을 하다 보니 미국사람이라는 자체가 비지니스에서 좀 더 좋은 이익을 취할 수 있고 급여도 높으며,

더 좋은 환경에서 일할 수 있고 직위도 높게 올라갈 수 있는 여지가 많은 것을 보았습니다. 예전에는 난 왜 한국이라는 약소국에서 태어났을까 하는 생각도 많이 했습니다. 하지만 지난 삼십 년간 한국의 발전은 실로 놀라운 현상이었습니다. 알아보니 모든 국가가 중진국의 함정에 빠져 선진국이 되지 못하는데 유일하게 한국만이 함정에서 벗어나 일본, 이탈리아, 스페인을 넘어서거나 동등한 국민소득을 가지게 되었습니다. 이유가 무엇일까요? 우리가 근면해서, 아니면 똑똑해서일까요? 주변에 다른 국가에서 오신 분들을 보면 근면하고 지능이 높은 분이 많이 있습니다만 그들의 나라는 그만큼 경제적으로 풍족하지는 못합니다. 그저 하나님의 축복이라고 이해할 수밖에 없습니다. 자칫 잘못됐으면 삼팔선 이북에서 태어나 지금도 압제 속에서 살 수도 있었을 것입니다. 한번도 다른 나라를 지배하지 않았고 피지배자의 아픔을 알고 있는 자랑스런 한국인이자 세계 최강국인 미국에서 살고 있는 나는, 나도 모르게 축복받은 자가 되었습니다. 바울이 나면서 로마 시민권을 가진 것처럼 우리도 모르게 그저 주어진 이 혜택을 왜 받게 되었을까 생각해 봅니다. 믿지 않는 자들은 비약이라고 할지는 모르겠지만 선교사님들이 이렇게 이야기해 주십니다. 지배자들에게서 이유없이 채찍질 당하고, 경제적으로 핍박을 받았고 받고 있는 아마존의 인디오에게 세계 어디에서나 안전을 보장받는 미국 시민권을 가지고 피지배자의 아픔을 공감하는 한국인으로서 그들에게 다가가서 복음을 전하기 위함입니다.

한국과 미국의 정치지도자들이 하나님의 말씀에 귀 기울여 하나님의 뜻에 합당하게 나라를 이끌어 나가기를 기도합니다. 로스엔젤레스와 미국 여러 도시에서의 폭력적인 사태가 주님의 뜻에 따라 해결될 수 있기를 기도합니다. 이러한 정치적인 소요로 인해 우리들이 아마존 영혼을 찾아가는 여행일정에 방해가 되지 않기를 기도드립니다. 영광교회 사라 집사님의 기도를 함께 합니다. 사라 집사님은 한 해 동안 손꼽아 기다리면서 다시 아마존에 갈 수 있음에 감사드리고 모든 팀원들이 각자의 주어진 달란트를 통해서 쓰임 받을 수 있도록 기도하며 인디오분들에게 우리가 정말 주님의 완전한 복음을 잘 전달할 수 있기를 기도하고 있습니다.

● 꼴 애우 쌔우 노미?/꼬모 새 쌰마? : What is your name?
　애우 네미 애 리카르도/미 사무 리카르도 : My name is Ricardo

사도행전 23:1-35

말씀을 기록하였으되, 말씀이 기록되었으되

바울이 공회에서 변론을 합니다. "나는 범사에 양심을 따라 하나님을 섬겼노라"(1절). 이 한마디에 대제사장 아나니아는 격분해서 바울의 입을 치라고 명령합니다. 바울은 "회칠한 담이여, 하나님이 너를 치시리로다"(3절)라며 율법대로 심판한다고 하고는 율법을 어기고 나를 치라고 한다면서 대제사장 아나니아를 비난합니다. 곁에 선 사람들이 대제사장을 욕하느냐고 바울을 비난합니다. 바울은 그가 대제사장인 줄 알지 못하였다고 하며 "기록하였으되 너의 백성의 관리를 비방하지 말라"(5절)는 성경 말씀을 인용합니다. 바울은 일부는 사두개인이고 일부는 바리새인인 줄 알고 나는 바리새인이요 죽은 자의 소망 곧 부활로 말미암아 내가 심문을 받는다고 외칩니다. 그 말을 하니 바리새인과 사두개인 사이에 다툼이 생기게 되고 바리새인 편의 몇 서기관들이 바울은 악한 것이 없다고 판단합니다. 큰 분쟁이 있어 바울을 보호하고자 천부장은 바울을 영내로 데리고 들어갑니다. 그날 밤 주께서 바울 곁에 서서 예루살렘에서 증언한 것같이 로마에서도 증언하리라고 말씀하십니다. 바울은 자기를 죽이려는 유대인이 있음을 천부장에게 알려 가이사랴에 있는 총독 벨릭스에게로 이송되게 됩니다.

바울이 유대인들과 주고받는 변론의 모습은 예수님께서 광야에서 사십일 동안 기도하실 때 마귀가 나타나 예수님을 시험하는 장면을 떠오르게 합니다. 마귀의 시험에 예수님께서는 말씀으로 물리치셨습니다. 기록되었으되 사람이 떡으로만 살 것이 아니요 하나님의 입으로부터 나오는 말씀으로 살 것이라, 기록되었으되 주 너의 하나님을 시험하지 말라, 기록되었으되 주 너의 하나님께 경배하고 다만 그를 섬기라고 하시며 예수님께서는 그 시험에서 이기셨습니다. 바울의 입을 치라는 명령에 "회칠한 담이여 (위선자여)"라며 성경 말씀과 예수님께서 말씀하신 말로(회칠한 무덤) 대응하고 대제사장을 욕하느냐는 비난에 기록하였으되 너의 백성의 지도자를 저주하지 말라는 출애굽기 22장 말씀을 인용합니다. 그리고 지혜롭게 사두개인과 바리새인들 사이에 있는 이견을 불러일으켜 자신의 무죄를 변론하게 됩니다. 예수님께서 시험 당하실 때 말씀으로 이겨내셨다는 것을 배웠기에 말씀을 많이 아는 것이 시험을 이기는 영적무장의 도구라는 것을 잘 알고 있습니다. 오늘은 바울을 통해 위급한 상황에서, 시험 받는 상황에서도 담대히 행할 수 있는 기반은 말씀임을 다시 깨닫게 됩니다. 성경 말씀에 좀 더 열심을 내어 믿지 않는 자들에게 예수님을 전할 때 궁금한 질문이나 엉뚱한 반론에 말씀으로 대응할 수 있기를 기도드립니다.

아마존 인디오들에게 어떤 말씀사역의 프로그램이 있는지 궁금해집니다. 좋은 교재와 프로그램으로 그들이 말씀의 기반 위에 굳건히 설 수 있기를 기도드리며 그 교육프로그램에 도움이 될 수 있는 것이 무엇인지 알아 우리가 도움이 될 수 있기를 기도합니다. 오늘은 영광교회 사브리나 자매님의 기도를 함께 합니다. 치과의사시며 우리가 보고 배우고 있는 포르투갈어 율동과 찬양 동영상의 주인공이십니다. 매년 아마존 선교를 가고 있는데 무의식적으로 관성적으로 가는 것이 아니라 의도적으로 주도적으로 가서 섬기기를 원합니다. 성령님의 인도하심을 깊이 느낄 수 있도록 그리고 하나님을 알고 하나님과 더욱 깊은 관계에 들어갈 수 있는 기회가 되기를 기도합니다. 선교 후 바로 8월에 제출해야 하는 소아치과전문의 논문을 잘 마무리할 수 있도록 기도 부탁드립니다.

🌐 병 아끼 : Come here, 배 아끼 : Look here

사도행전 24:1-27

재판정에서 나사렛 예수와 부활을 부인하지 않는 담대함

재판관인 총독 벨릭스 앞에서 대제사장 아나니아는 변호사 더둘고와 함께 바울을 고발합니다. 바울은 전염병 같은 자요 유대인들을 소요하게 하는 자이며 나사렛 이단의 우두머리이자 성전을 더럽게 하는 자라고 주장합니다. 바울은 예루살렘에 간 지 열이틀밖에 되지 않았고 성전에서나 회당 혹은 시중에서 무리를 소동하게 하지 않았으니 고발이 옳지 못하다고 변론합니다. 하지만 이들이 이단이라는 도를 따라 하나님을 섬기고 믿으며 하나님을 향한 소망을 가졌으니 그 소망이 의인과 악인의 부활이라는 것을 인정하며 이것에 대하여 양심에 거리낌이 없다고 합니다. 여러 해 만에 내 민족을 구제할 제물을 가지고 와서 결례를 행하였고 모임도 없었고 소동도 없었으며 오직 죽은 자의 부활을 외치기에 심문을 받는다는 소리만 있을 따름이라고 주장하니 벨릭스가 판결을 연기하고 바울에게 자유를 허락하였으나 금전적 댓가를 바라며 자주 불러 바울의 이야기를 듣습니다. 이 년 후 베스도가 새로운 총독이 될 때 유대인의 마음을 얻고자 바울을 구류합니다.

평생 재판정에 가 본 적이 없지만 재판정에서 피고인이 얼마나 두렵고 위축된 모습을 하고 있을지 상상할 수 있습니다. 변호인도 없이 바울은 거침없이 자신을 변론합니다. 소요을 일으키지 않았고 도리어 구제할 제물을 드리며 결례를 행했다고 합니다. 하지만 믿음에 관해서는 분명하고 확고히 피력합니다. 하나님을 섬기고 율법과 선지자의 말을 믿으며 의인과 악인의 부활이 있을 하나님을 향한 소망을 가졌으니 하나님과 사람 앞에서 양심에 거리낌 없기를 힘쓴다고 합니다. 나는 나를 고소하는 법정에서 어떤 판결이 나올지 모르는 상황에서 자신 있게 믿음을 주장할 수 있을지 모르겠습니다. 다행히 내가 살고 있는 이곳은 예수님을 믿는 것에 대한 자유가 있는 곳이라 이러한 고백이 받아들여지는 곳이지만 아직 믿지 않는 사람들과 그들의 모임에서 바울처럼 믿음의 고백을 할 수 있는 용기가 있을까 생각하게 되며 아마존의 미전도 지역에서 호전적이며 배타적인 상황에서도 자신 있게 나사렛 예수와 부활과 천국소망에 관하여 선포할 수 있는 용기와 믿음을 허락해 주실 것을 기도드립니다.

아마존의 미전도 종족에 있는 믿지 않는 자들에게 성령의 역사하심으로 말씀을 받을 수 있도록 준비시켜 주시고 그들의 말씀에 대한 거부의 모습과 우리를 향한 적대감을 표시하는 가운데서도 담대히 예수님을 증거할 수 있기를 기도합니다.

오늘은 의료사역팀에 감사의 마음을 표하고 위해 기도하기 원합니다. 주님께서 이번 선교여행을 굳건히 지켜 주시겠지만 바울 곁에서 의사인 누가가 전도여행을 함께하며 건강을 보살펴 준 것같이 김훈 집사님, 최승철 집사님, 엄기현 집사님이 체력적으로 약한 우리와 함께 여행을 하게 되어 너무나 감사한 마음입니다. 또한 현대의료에 소외된 아마존 인디오에게 베풀어질 혜택을 생각하면 큰 은혜가 됩니다. 의료사역팀 세 분이 영육간에 강건하기를 그리고 의료사역을 하는 동안 주님의 은혜를 체험하며 그 사랑을 나눌 수 있기를 기도합니다.

● 쎈따 : Sit down, 레반따 : Stand up

Amazon QT 37

사도행전 25:1-27

바울이 로마에 가게 된 이유

새 총독 베스도가 유력한 유대인들과 바울의 재판을 재개합니다. 유대인들은 바울을 매복해서 죽이려 예루살렘으로 가서 심문하자고 하고 죄가 없음을 주장하는 바울은 (로마에 가서) 가이사께 상소하겠다고 주장하니 베스도는 바울이 가이사에게 갈 것이라는 상고를 받아들입니다. 아그립바왕이 가이사랴에 와서 베스도에게서 바울이 범죄한 것이 없지만 유대인들이 계속 고발한다는 이야기를 듣고 바울의 말을 직접 듣게 됩니다.

밤에 주께서 바울 곁에 서서 예루살렘에서 나의 일을 증언한 것같이 로마에서도 증언하여야 하리라(행 23:11)는 말씀은 성령의 이끄심이 어떻게 실제 진행되는지를 오늘 말씀에서 보게 됩니다. 계속 고발하고 바울을 죽이려고 하는 유대인들의 계략을 피하고자 로마 시민권이 있는 자신을 가이사가 있는 로마에서 재판받게 해 달라고 주장합니다. 왜 로마일까요? 당시 모든 길은 로마로 나 있어 세계의 수도라고 할 수 있습니다. 이곳에서부터 모든 것이 퍼져 나가고 이곳으로 모든 것이 모여지는 중심지였습니다. 바울이 로마로 가야만 "오직 성령이 너희에게 임하시면 너희가 권능을 받고 예루살렘과 온 유대와 사마리아와 땅끝까지 이르러 내 증인이 되리라"(행 1:8)는 약속이 이루어지기 때문일 것입니다. 주님께서는 어떤 방법을 사용하시더라도 바울을 로마로 보내게 됩니다. 그래서 결국 이천 년 동안 그리고 지금도 주님의 말씀이 땅끝까지 전해지고 있는 것입니다. 지난해에는 아마존 선교팀의 비행기가 연착되어 아마존까지 가는 여정이 어려웠지만 결국 도착해서 은혜롭게 사역을 마치고 돌아왔다는 이야기를 들었습니다. 이번에는 비행여정도 여유가 있고 버스도 여유 있게 준비하여 큰 문제없이 아마존으로 갈 수 있을 것으로 예상합니다. 하지만 각자 개인의 사정으로 인해 가지 못하는 경우가 있지 않을까 하는 우려가 있습니다. 감 집사님 눈도 회복시켜 주시고 함께 여행하게 해 주셔서 주님께 감사드리며 아직 비자가 나오지 않은 대학부 형제의 비자도 순탄히 나오게 해 주시기를 기도드립니다. 그리고 오가는 길을 주께서 보호하여 주셔서 무사히 잘 다녀오기를 기도드립니다.

한국의 요양병원에 계시는 아버지께서 상태가 좋지 못하다는 이야기를 어머니께 계속 듣습니다. 어쩌면 임종을 준비해야 할지도 모른다고 합니다. 부모님을 떠나 이역만리에 살고 있어 큰일이 있을 때마다 괜히 부모님께 죄송한 마음이 있어 하루 안에 한국에 도착할 수 있다고 큰소리쳤었는데 만약 아마존에 가 있을 때 좋지 않은 소식을 들으면 어떻게 될까 두려움이 몰려옵니다. 지난해 두 번 찾아뵙고 예수님 영접기도를 다시 함께하고 해서 천국입성에 확신은 있지만 퇴원하셔서 어머니와 함께 신앙생활하시겠다는 약속은 지키시지 못할 것 같아 마음이 아픕니다. 미국에 오셔서 우리 디사이플교회에서 함께 예배드리면서 목사님의 설교말씀을 경청하시며 말씀에 동의하는 "음~, 어~" 하는 추임새를 하시던 것을 저는 아멘으로 받아들이고 있습니다. 기도 부탁드립니다.

● 무히또 보니또/보니따 : Very pretty

사도행전 26:1-32

내 말을 듣는 모든 사람도 나와 같이 되기를 원하나이다

바울은 아그립바왕 앞에서 다시 다메섹 도상에서 예수님을 만난 이야기를 합니다. 베스도가 바울더러 네가 미쳤다고 하니 바울은 "내가 미친 것이 아니요 참되고 온전한 말을 하나이다"(25절)라고 말합니다. 아그립바왕이 나를 권하여 그리스도인이 되게 하려느냐라는 말에 바울은 당신뿐 아니라 오늘 내 말을 듣는 모든 사람도 나와 같이 되기를 하나님께 원한다고 합니다. 아그립바왕은 바울이 가이사에게 상소하지 않았다면 석방될 수 있을 뻔하였다 합니다.

다메섹 도상에서 회심한 바울 이야기가 사도행전에 세 번 나옵니다. 동일한 사건들이 사복음서에서 중복되어 나오는 것은 알지만 사도행전에서 동일한 이야기가 세 번이나 나오는 것은 어떤 특별한 의미가 있지 않을까 생각합니다. 천부장과 유대인들 앞에서 바울 자신이 회심한 이야기를 할 때 저도 주님을 믿게 된 이야기를 했습니다. 아마존 선교팀의 많은 분들이 그 이야기에 공감해 주셨음을 알고 놀라웠습니다. 십여 년 전 양육반 훈련을 받을 때 전도부분의 내용, 즉 바울의 회심이야기를 나의 이야기로 적용하여 전도할 대상에게 전하는 것이 전도의 좋은 방식이며 많은 도움이 된다는 것을 배웠기에 그 내용을 적용한 것이었습니다. 바울과 우리 자신의 회심이야기는 많은 사람들에게 은혜가 되고 구원을 이루게 하는 힘이 있는 것입니다. 바울은 자신 있게 이야기합니다. 내 말을 듣는 모든 사람도 나와 같이 되기를 하나님께 원한다고 말입니다. 대상이 왕이거나, 천부장이거나, 유대인이거나, 한국인이거나, 아마존 인디오이거나 상관없이 예수님 믿고 그와 같이 그리스도인이 되기를 하나님께 원하는 것입니다. 우리도 우리의 이야기를 통해 자신 있게 아마존의 인디오들에게 나와 같이 그리스도인이 되기를 원한다고 담대히 전할 수 있기를 하나님께 기도드립니다.

지난 모임에서 이병준 목사님이 인도하신 기도를 다시 함께 하기 원합니다. 우리 모두가 영적전쟁에서 승리할 수 있기를, 그동안 준비한 사역으로 주의 영광이 드러날 수 있기를, 우리 교회 모든 선교팀 165명에게 은혜로운 선교의 문을 주님께서 열어주시기를, 선교여행에서의 여정을 주께서 지켜주셔서 원활하며 안전한 여행이 될 수 있기를, 선교센터사역과 배사역에서 주의 은혜가 흘러 넘치기를 그리고 고 목사님과 이 목사님께서 영적으로 육적으로 강건하여 사역을 감당하는데 부족함이 없기를, 선교사님들의 수고로 세워진 아마존 선교거점에서의 사역이 더욱 풍성한 열매를 맺기를 그리고 인디오 리더들이 굳건히 설 수 있기를 기도드립니다.

● 보쎄 께르 이쏘? : Do you want this?
　보쎄 께르 마이쓰? : Do you want more?

사도행전 27:1-44

네가 가이사 앞에 서야 하겠고 너와 함께 항해하는 자를 다 네게 주셨다

바울 일행이 배를 타고 이달리야에 가기로 작정되매 그들의 여정이 시작됩니다. 맞바람이 있고 풍세가 허락하지 않으나 여행은 계속됩니다. 바울이 어려운 항해가 될 것이라고 경고하지만 유라굴로라는 광풍이 불어 며칠째 풍랑에 어려워합니다. 좌초될 위기 속에 하나님의 사자가 "바울아 두려워하지 말라. 네가 가이사 앞에 서야 하겠고 또 하나님께서 너와 함께 항해하는 자를 다 네게 주셨다"(24절)라고 말합니다. 결국 276명의 여행객들은 배가 좌초됨에도 육지에 상륙하여 구조됩니다.

다음 주면 우리가 비행기를 타고, 버스를 타고, 배를 타고 아마존에 가기로 작정되어 있습니다. 그리고 각 선교지로 가기로 작정된 우리 교회의 선교팀들의 여정이 이번 주부터 시작됩니다. 지난 십수 년간 주님의 보호하심으로 사고 없이, 안전하게, 많은 인원들이 선교여행을 은혜롭게 다녀오게 하심에 주님께 정말 감사드립니다. 안전한 선교여행 덕에 우리 교회가 계속 여름선교를 확대하여 많은 성도들이 선교의 기회를 계속 가질 수 있었다고 생각합니다. 지금까지 안전했기에 이번 선교여행도 안전하리라 장담은 하지 못합니다. 순간순간 사탄의 방해가 있을 것입니다. 안전사고예방은 서로를 돌보아 방지하도록 기도하지만 우리가 알지 못하는 재난사고는 하나님의 손에 맡길 수밖에 없습니다. 하나님께서 바울에게 정확한 판단을 할 수 있도록 사자를 보내 주신 것처럼 우리의 리더들에게도 하나님께서 정확히 판단할 수 있도록 말씀을 전해 주실 것을 기도드립니다. 인솔하는 리더분들이 영적으로 민감하여 순간순간 판단함에 있어 부족하지 않기를 기도합니다. 교회를 출석한 이후 고 목사님을 위해 단기간 이렇게 많이 기도한 적이 처음인데 이것이 결국 나를 위한 것임을 깨닫게 됩니다. 우리들의 리더분들을 위한 기도는 여행 중에도 계속되어야 할 것입니다. 우리 교회 각 선교팀의 리더분들이 영적으로 민감하여 순간순간 하나님의 음성을 듣고 그들에게 맡겨 주신, 함께하는 165명의 선교팀원 모두가 안전히, 은혜로운 선교여행을 할 수 있기를 손모아 간절히 기도드립니다.

● 보세 에 프레씨오수/프레씨우자 : You are precious

Amazon QT **40**

사도행전 28:1-31

하나님의 나라를 전파하여 주 예수 그리스도에 관한 모든 것을 담대하게 거침없이 가르치더라

멜리데 섬에 난파된 바울은 독사에 물렸으나 아무런 해를 입지 않고 보블리오에게 대접을 받으며 그의 부친과 병든 자들을 고쳐줍니다. 석 달 후 그곳을 떠나 로마에 들어갑니다. 로마에서 유대인들에게 복음을 전하나 믿지 않는 자들에게 이사야 선지자의 말씀에 너희가 들어도 도무지 깨닫지 못하며 보기는 보아도 알지 못한다고 하면서 "그런즉 하나님의 이 구원이 이방인에게로 보내어진 줄 알라"(28절)라고 말합니다. 바울은 자기에게 오는 사람을 다 영접하고 하나님의 나라를 전파하며 주 예수 그리스도에 관한 모든 것을 담대하게 거침없이 가르칩니다.

아마존으로 가는 여정에 어려움이 있더라도 아무런 해를 입지 않고 여러 손길로 대접받고 또 그들에게 치유의 은혜를 경험하게 하며 목적지에 도착할 것입니다. "하나님의 구원이 이방인에게로 보내어진 줄 알라"는 말씀으로 우리가 복음을 듣고 믿음으로 구원을 받게 되었고 이 복음이 아마존의 땅끝까지 이르러 전파됩니다. 우리들에게 오는 인디오들을 다 영접

하고 하나님의 나라를 전파하며 예수님에 관한 모든 것을 담대하게 거침없이 가르칠 것입니다. 고 목사님께서 이번 인디오 양육세미나에서는 구원에서부터 다시 오실 예수님까지를 다루신다고 합니다. 이천 년 전에 선포된 말씀 그대로 지금도 동일하게 역사가 일어나고 있습니다. 사도행전은 현재 우리들을 통해 계속되고 있다는 것을 다시 깨닫게 됩니다. 그리고 예수님 오실 때까지 우리는 약속의 말씀에 따라 주님께서 가장 기뻐하시는 잃어 버린 한 영혼을 구하기 위해 계속 나아갈 것입니다. "오직 성령이 너희에게 임하시면 너희가 권능을 받고 예루살렘과 온 유대와 사마리아 땅끝까지 이르러 내 증인이 되리라"(행 1:8).

마지막 여정 준비에 부족함이 없기를 기도합니다. 여행여정을 주님께서 보호하셔서 무사히 다녀올 수 있기를 기도합니다. 영적리더들이신 고 목사님, 이 목사님과 이 선교사님께서 영육간에 강건하심으로 선교여행과 일정을 잘 이끌어 나가실 수 있기를 기도합니다. 우리의 가장 중심이 되는 기도로, 팀원 모두가 오직 영혼들만 바라보는 한마음으로 잃어버린 인디오 영혼을 주께서 예비하사 은혜로 말미암아 추수할 수 있기를 기도합니다. 이를 통해 우리들에게 영혼 구원의 기쁨에 감격하는 시간이 되기를 기도드립니다.

🌐 에우 찌 아모 잉 크리스또 : I love you in Christ

● 부록 ●
아마존에서 전해온 선교사님의 편지

할렐루야! 지금까지 아마존을 위해 지속적인 기도와 사랑에 감사드립니다.
이번 달부터 인디오 마을 교회 중 하나인 거룩한빛교회 건축이 시작됩니다. 작년 거룩한빛교회 건축을 위해 기도하게 하셨고, 올해는 특별하고 귀한 분들의 사랑의 헌신으로 건축을 시작할 수 있게 되어 감사드립니다.
거룩한빛교회는 선교센타에서 열두 시간 거리에 있는 인디오선교사 파송 교회로 가장 먼 사역지 교회입니다.

특히 이번 거룩한빛교회 건축은 아마존의 한 지류에 위치한 사역자 마을 리더들의 적극적인 협력으로 시작되기에 큰 의미를 갖는다고 할 수 있습니다.

8월부터 이곳 아마존은 건기의 가장 중심으로 들어가게 됩니다. 그것은 비가 오지 않는 아마존의 가장 무더운 시기에 접어든다는 것입니다. 가장 더운 철인 8월부터 11월까지 4개월간의 긴 건축여정을 이제 시작합니다.

인디오 마을 교회건축의 가장 어려운 요소라면, 건축자재를 공급받는 도시와 거리가 멀다는 것인데 그중 이 마을이 가장 먼 곳입니다. 교회를 나무로 건축해서 사오 년 후면 낡아 다시 재건축해야 하는 이전 방식에서 이제는 자재공급이 멀고 어렵지만 벽돌로 건축해서 이십 년이 든든한 교회건물을 예수 그리스도의 이름으로 건축하고자 합니다.

기도제목은 건축자재와 인부의 원활한 공급, 건축을 협력하는 각 마을 리더들과 성도들이 지치지 않고 기쁨으로 도울 수 있기를, 준비된 재정에 감사하며 필요한 재정이 넉넉히 채워져 제3, 제4의 교회를 건축할 수 있도록, 특히 거룩한빛마을의 인디오형제들이 건축을 계기로 하나님의 살아 계심과 복음이 진일보 전진하는 복된 마을이 되기를 함께 기도하기 원합니다.
감사합니다.
사랑하고 축복합니다.

아마존 강가에서
선교사 이진석/정은숙 드립니다.
(amasondame@gmail.com)

[아마존의 발자국]

하나님 사랑,
그 사랑이 유별하고도 특심하여,
세상 부귀 영화 모두 뒤로하고
주님 부르신 그 길을 따라
조용히, 묵묵히
순종의 발걸음을 내딛으셨습니다.

머나먼 여정의 끝에서
브라질, 그중에도 깊은
이곳에까지 들어오셔서,
아마존의 영혼을 품고
그 품에 자신을 조용히 심으셨습니다.

선교사님과 그 귀한 가정은
이제 아마존 원주민과 하나 되어
주님의 손과 발 되어 살아갑니다.
굵은 땀방울로 사랑을 요리하고,
한 마디 불평 없이,
아마존을, 인디오를
기쁨으로 섬기십니다.

양철 지붕 위를 두드리는
빗소리가 귀청을 울릴 때,
그 소리를,
하나님의 위로라 여기며,
천군천사의 박수처럼,
찬양처럼 기뻐하십니다.

그 모습은 마치,
하늘을 향해 날아오르는 기도 같고
땅을 적시는 눈물 같은 복음입니다.

훗날,
인생의 고된 마라톤을 마치고
천국 대운동장 마지막 바퀴를 도실 그날,
허다한 믿음의 선진들이
구름 떼처럼 모여
소리치며 응원할 것입니다.

"어서 오라!
충성된 종이여,
조금만 더!
그 발걸음 놓지 말라!
주님이 너를 기다리신다!"

당신의 그 수고,
하늘에서
찬란히 빛나리라…

선교사님을 생각하며, 허진용

아마존 단기선교와 나의 삶

오십을 넘어서면서 나의 삶을 마치기 전까지 남은 시간을 조금 더 뜻 깊이 사용하고 싶어 작년에 처음으로 아마존 단기선교를 다녀왔습니다. 그때 단기선교를 마치면서, 부끄럽지만 다시는 제가 이곳에 올 일은 없겠다고 마음속으로 생각했습니다. 가장 힘들었던 것은 참기 힘든 무더위와 음식이 맞지 않아 수시로 배가 고팠으며, 열악한 환경 또한 저를 지치게 했습니다. 하지만 다녀온 후 제 마음과는 상관없이 시간이 지나면서 문득 문득 생활 속에서 이런 것들을 다음에는 준비해 가야지라는 생각이 꼬리를 물고, 정작 선교지원자를 모집하는 광고가 나자마자 다시 가고 싶다는 마음과 한 번 더 다녀온 후에 그만두는 것이 주님 앞에 조금이라도 덜 미안하겠다는 생각으로 바로 지원하게 되었습니다. 거의 두 달 간 주일 늦게까지 연습을 하면서, 연극연습에 율동에 익숙치 않은 포르투갈어 찬양과... 대체 이걸 왜 또 한다고 했을까라는 후회를 하면서 나약한 제 자신이 부끄러웠습니다

아마존에 도착하여 디사이플교회 선교팀원분들과 만나 캠프사역을 준비하면서 어색한 시간도 잠시, 선교기간 마지막까지 모두 각자에게 맡겨진 일들에 최선을 다하는 모습으로 서로가 서로를 섬기고 양보하며, 헌신하는 모습에서 하나님께서 말씀하시는 이웃 사랑과 하나 됨이 그 자리에서 이루어지고 있음을

저는 보았습니다. 나의 생각과 내가 힘듦이 먼저가 아닌, 오직 하나님께서 우리를 통하여 이곳에서 이루고자 하시는 그 사역이 이루어짐이 우리 모두의 우선이었습니다.

캠프에서 만난 여러 인디오 마을들 중, 금년에 처음으로 참석한 샤가스마을이 가장 마음에 남았는데 그들은 이번 캠프에 참여하기 위해 무려 이틀 동안 배를 타고 왔고 그 마을에서 온 어린아이들의 의젓한 모습, 간단한 놀이시간과 운동회에서 한없이 즐거워하는 모습, 어른들과 함께 예배드리는 시간에도 맨 앞자리에 함께 앉아 작은 손으로 제 손을 잡고 손을 들어 찬양하며 주님은 모든 순간 선하시고 나의 삶을 인도하셨다고 어린 입술로 찬양드리는 모습을 본 순간을 잊을 수가 없습니다. 저는 내가 저들보다 우월해서 무언가 그들에게 나누어 주고 베풀러 간다고 생각하고 갔는데, 주님께서는 나를 부르신 그 사랑, 동일한 십자가의 사랑으로 그들을 부르셨고 그들의 순수한 사랑과 주님을 향한 믿음으로 나의 상한 심령을 치유하셨습니다.

인디오 마을을 방문하며 진행된 의료사역에서 통역을 맡아 동참했습니다. 그들의 위중한 건강문제는 간단한 진료로 해결할 수 없었고, 어려서부터 말을 못하고, 다운증후군을 가진 딸이 식욕저하로 살이 빠지고, 빈혈과 배 속에 혹도 발견되었지만, 저희가 할 수 있는 것은 몇 가지의 기본약을 주는 것 외에 함께 손을 맞잡고 하나님의 치료하심과 인도하심을 간절히 구하며 울 수밖에 없었습니다. 짧은 기간 동안 보고 느낀 것들은 정말 아주 작은 부분일 테지만, 주님께서는 상파울로에 돌아온 후에도 기억하게 하셨고 이를 위해 기도하게 하셨습니다.

저의 일 년 중 아주 작은 시간을 주님 앞에 드렸더니, 하나님께서는 그 짧은 시간을 통해 제 삶 속에 가장 잊지 못할 참기쁨이 넘치는 축복의 시간들로 채워주셨습니다. 위대하신 하나님, 살아 계시 하나님을 우리 마음속에 느끼고, 우리의 삶을 통해 하나님이 일하심을 보여 주시고 하나님의 마음을 더욱 가까이 알게 하셨습니다. 사역을 함께 해준 네 명의 자매님들께 감사드리며 하나님께서 단기선교를 통해 주님의 사역에 동참하게 하심이 은혜이며 주님께서 허락하시면 다시 아마존을 방문할 수 있기를 소망하고 기도합니다.

상파울로 영광교회 김일안

너희 안에서 행하시는 이는 하나님

그동안 영광교회에서 선교를 하면서 아마존에 가고 싶다는 생각을 한 적이 없었던 것 같습니다. 아마 포르투갈어를 영어나 한국어로 통역이 가능한 사람들만 가는 곳이라고 생각했기 때문인 것 같고 저는 자신이 없었습니다. 청소년이 된 첫 해부터 거의 매년 선교를 다녔습니다. 얼마 지나지 않아 선교에 가는 것이 일상이 되었던 것 같고 7월에는 선교를 하러 간다는 것이 어느 정도 당연해졌습니다. 물론 모든 선교가 다 좋았고 하나님의 임재를 많이 느끼고 가까워지는 시간이었습니다. 하지만 이번 아마존 선교는 조금 달랐습니다. 가기 전에도 제 마음을 감동시킨 곳이었습니다. 일 때문에 올해 선교여행을 갈지 말지 고민이 많았습니다만 작년에 폐렴에 걸리고 나서 깨달은 것은 하나님을 섬길 힘과 건강, 시간이 얼마나 남아 있을지 모른다는 것이었습니다. 우리는 내일이 어떻게 될지 조차도 알 수 없습니다. 그래서 저는 이 모든 것을 가지고 있는 동안 그분의 사역에 동참하고 싶었습니다. 그리고 아마존이라는 곳은 제가 등록하기 몇 달 전부터 하나님께서 제 마음에 품고 계셨던 곳이었어요. 이제 저에게 선교가 더 이상 당연한 것이 아니라 하나님이 주신 기회라고 생각합니다.
저에게 이번 인디오 선교캠프에서 가장 깊은 인상을 남긴 순간은 세례식과 결혼식이었습니다. 결혼식은 본래 그들의 문화에 존재하지 않았던 예식이었기에, 그 자리에 함께하여 그들을 축복할 수 있었다는 사실은 매우 뜻 깊었고 은혜로웠습니다. 그리고 마지막 날 밤, 각 마을들을 위해 기도했던 시간에 인디오들을 향한 하나님의 크신 사랑을 뚜렷이 느낄 수 있었으며, 하나님께서 그곳에서 크고 작은 역사를 이루고 계심을 확신하게 되었습니다. 저는 오랜만에 누군가를 위해 온 마음을 다해 간절히 기도하였습니다. 그 가운데 하나님께서 제 마음에 회개의 은혜를 허락해 주셨습니다. 왜 나는 내 가족과 친구들, 교회와 일상 속에서 함께하는 사람들을 위해 이와 같은 마음으로 기도하지 않았을까 라는 깨달음을 얻게 되었습니다.

선교여행은 결국 우리가 하나님의 아들과 딸로서의 본질로 돌아가게 만듭니다. 아마존은 저에게 그러한 자리였습니다. 인디오들의 순수한 찬양과 춤은 우리 존재의 목적이 무엇인지, 곧 하나님을 예배하고 사랑하기 위해 창조되었음을 다시금 일깨워 주었습니다. 자신을 비우고 오직 예수 그리스도로 채우는 삶, 그것이 창조의 본질임을 확인하게 되었습니다. 또한 배를 타고 이동하는 시간 동안, 저는 하나님의 창조 세계를 묵상하며 깊은 은혜를 누릴 수 있었습니다. 마치 하나님께서 세상을 지으셨던 그 시초로 되돌아간 듯한 경험이었습니다. 일상 가운데 우리는 바쁘고 많은 염려 속에 살아가며, 하나님 안에서는 단순한 것을 스스로 복잡하게 만들기도 합니다. 이번 선교는 저로 하여금 본질을 다시 바라보게 했습니다. 당연한 것 같으나 당연하지 않은 것들, 오직 하나님께서 이루어 주시는 것들을 새삼 깨닫게 되었습니다. 끝으로 이 말씀을 함께 나누고 싶습니다.

"너희 안에서 행하시는 이는 하나님이시니 자기의 기쁘신 뜻을 위하여 너희에게 소원을 두고 행하게 하시나니" – 빌립보서 2:13

저는 하나님께서 우리의 마음속에 거룩한 소원을 두신다고 믿습니다. 이번 선교에서 디사이플교회 선교팀과 함께하며 이를 깊이 배울 수 있었습니다. 하나님께서는 언어와 문화, 나이의 장벽을 훨씬 뛰어 넘으시는 분이십니다. 하나님을 섬기고자 하는 열망 안에서 그들은 기꺼이 섬기고 포용하며, 언제나 함께하려는 자세를 보여 주었습니다. 하나님께서 허락하신다면, 다시 한번 아마존 땅을 밟고 싶습니다.

포르투갈어 예배에서의 간증, 원민지

우리의 부르심

기현과 저(혜라)는 둘 다 선교사 자녀로 자랐습니다. 저는 필리핀에서 5년을, 기현은 에티오피아에서 12년을 보냈습니다. 기현은 에티오피아에서 선교사 자녀로 자라며 하나님으로부터 선교사로 부르심을 받았습니다. 또한 의료 혜택을 받지 못해 고통받는 이들을 향한 마음을 주셨고 어린 시절부터 의료선교사가 되기를 결단하였습니다.

우리는 MK컨퍼런스(mKainos)에서 만나 이 년 반 동안 교제한 후 결혼했습니다. 우리는 예수님의 제자로서 어디에 있든지 그분을 예배하며 살아가자는 같은 인생의 목표를 가지고 있습니다. 우리에게는 두 자녀가 있습니다. 진용(8세)이와 윤진(4세)이입니다. 현재 기현은 캘리포니아 롱비치에서 감염내과 의사로 일하고 있으며 저는 가정을 돌보는 가운데 어바인에 위치한 디사이플교회에서 영아부 간사로 섬기고 있습니다.

2023년 11월 기현은 켄터키주에서 열린 GMHC(Global Missions Health Conference)에 참석하였고 그곳에서 의료선교를 소명으로 받은 젊은 의료

진들을 파송하는 사마리안 퍼스(Samaritan's Purse)의 사역을 소개받았습니다. 사마리안 퍼스를 통해 우리는 에티오피아 소도(Soddo)에 위치한 소도 크리스천병원으로 파송될 예정이며, 기현은 감염내과 전문의로서 사역하고 저는 진용이와 윤진이를 홈스쿨링하며 하나님께서 저희에게 허락하신 자녀들을 예수님의 제자로 양육하고 훈련하는 것이 첫 번째 사역이 될 것입니다.

많은 분들이 왜 미국을 떠나 선교사로 가는 극단적인 결정을 했느냐고 묻습니다. 우리의 대답은 고린도후서 5장 14절 말씀과 같습니다. "그리스도의 사랑이 우리를 강권하시는도다." 그리스도께서 우리를 위해 하늘의 영광을 버리시고 죽으셨던 그 사랑이 우리를 선교로 이끕니다. 한 선교사님이 말씀하셨습니다. "선교사가 된다는 것은 가장 자격 없는 이에게 주어지는 가장 큰 특권이다." 이제 그 말씀이 점점 실감나기 시작합니다.

에티오피아로 떠나는 평신도선교사 엄기현/김혜라
(keehyonhyeraeom@gmail.com)

함께 나눈 글들

안녕하세요. 이번 주 토요일 오후 6시 저희 아마존 선교팀 첫 미팅입니다. 시간 잊지 마시고 중등부실에서 모이도록 하겠습니다. 주 내용은 총 일정 검토, 담당자 선정, 향후 계획 등이 포함되어 있습니다. 그리고 아마존 선교팀 개인 사진을 이번 주부터 찍도록 하겠습니다. 혹시 전에 찍었던 사진이 마음에 들지 않으시면 이번에 다시 찍으셔도 됩니다. 좋은 하루 되시고 토요일에 뵙도록 하겠습니다. • 한동한

아마존 선교팀원 모두는 6월 중순부터 말라리아 예방약을 복용해야 됩니다. 일주일에 한 번 먹는 넘버원 추천약이 있는데 현재 재고부족이라 지금 주문해도 오월 중순에나 구입할 수 있어 빠른 시일 안에 주문해야 합니다. 따라서 이번 주말까지 정확한 팀원 숫자가 필요해 오늘 글을 보냅니다. 이번에 가는 팀원 중에 카이저보험을 가진 분이 있는지요? 카이저보험은 카이저병원으로 제가 따로 주문해야 하기 때문에 알려 주시면 감사하겠습니다. • 김훈

보아 노이찌!

지난번에 보여드린 대로 마을에서 부채 꾸미기 액티비티를 할 때 부채의 앞면에는 인디오들과 함께 스티커를 붙이고 뒷면에는 서로의 이름을 쓰고 또 축복의 말을 써 주기로 했었지요. 샘플로 보여드렸던 세 문장을 보내 드려요. 간단하니 외워 두시면 훨씬 좋을 거 같아요. Deus te ama(God loves you), Jesus te ama(Jesus loves you), Deus te abençoe(God bless you).

· 김주선

봉지아!
브라질과 브라질 아마존과 전체 아마존 지역의 미전도 종족에 대하여 알아본 표입니다. 요즘 틀려도 자꾸 맞는 척하는 에이아이(A.I.)가 내준 자료라 더 검증이 필요할 수 있지만 모든 종족에게 복음이 전파되야 다시 오신다고 하신 예수님을 함께 기다리는 마음으로 나누어 봅니다.

Category	Count
Total people groups in Brazil	approx. 322
Total UPGs in Brazil	approx. 50
Indigenous groups in Brazilian Amazon	approx. 115-120
UPGs among Amazon indigenous (Brazil)	approx. 25
Uncontacted tribes in Brazilian Amazon	100+ groups
Total Indigenous groups in Amazon	400+ groups
Total UPGs in Amazon region	approx. 270+
Total uncontacted tribes in Amazon	100-120 groups

UPG: Unreached People Group(미전도 종족), Uncontacted Tribes(미접촉 종족) 역시 미전도 종족에 더해집니다. • 한성원

이번 토요일 함께할 찬양입니다. 아무도 예배자의 찬양을 침묵시킬 수 없다는… 사랑받는 곡입니다. 거룩한믿음교회의 미셔너리 아데나우손 형제는 신앙의 박해를 받다가 결국 믿음을 지키기 위해 가족과 함께 살던 마을을 떠나 불모지의 땅을 개척해서 정착해야만 했던 아픔과 고난을 겪었다고 나중에 들었습니다. 신앙의 자유가 억압되는 곳에서 살아본 적이 없는 저는 왜 그분들이 이 곡을 눈물로 찬양하는지 그때 알게 되었습니다. Nothing can silence a worshiper • 최승철

안녕하세요. 이제 출발이 얼마 남지 않았네요. 잘 준비하고 계시는지요? 다름은 아니고 급한 기도 요청을 올리려고 합니다. 대학부형제 중 한 명이 아직 비자를 받지 못하고 대기중입니다. 이번 선교에 함께 준비하고, 함께 기도하고, 받은 은혜로 이제 선교지에서 섬기고자 합니다. 비자가 하루 빨리 나올 수 있도록 모두 기도 부탁드립니다. 함께 동참하여 하나님께서 인디오들을 향해 역사하시는 일들을 직접 체험할 수 있도록, 또 그 체험을 통해 우리 모두에게 귀한 경험이 되고 은혜가 될 수 있도록 간절히 기도 부탁드립니다. • 한동한

안녕하세요. 이제 저희도 얼마 안 있으면 선교 여정이 시작됩니다. 다들 준비는 잘 마치셨는지요. 한 가지 기도제목 공유해 드립니다. 저희 김훈 집사님 어머님께서 몸이 편찮으셔서 식사를 하지 못하고 계십니다. 선교를 떠나는 상황에서 마음이 편치 않으셔서 저희의 기도가 절실히 필요할 때인 것 같습니다. 하루 빨리 김훈 집사님 어머님께서 회복하실 수 있도록 기도 부탁드립니다. 김훈 집사님도 감기로 고생하고 계신데 하루 빨리 회복하도록 기도 부탁드려요. • 한동한

작년 이맘때도 어머님이 갑자기 위독해진 상황에서 아마존 선교에 동참하셨던 김훈 집사님이 생각나네요. 선교 끝날 때 까지만이라도 어머님이 더 나빠지지 않고 버텼으면 좋겠다던 집사님 말씀을 듣고 속으로 울컥했었습니다. 그만큼 의료선교에 진심이셨고 본인마저 아픈 상황에서도 최선을 다해 인디오들을 치료해 주시던 집사님 모습이 생생히 기억납니다. 의료활동으로 많은 선한 영향력을 끼치시는 집사님을 막고 방해하는 모든 악한 영이 물러나길 간절히 기도합니다. • 안혜란

작년에도 같은 기도제목으로 기도 부탁을 했었어서 올해는 몇 분에게만 따로 기도 부탁을 드렸는데 이렇게 또 모두에게 기도의 짐을 드리게 되었네요. 선교를 떠나기 전에 마음을 힘들게 하고 집중 못하게 하는 것 같습니다. 선교를 위해 더 기도하라는 말씀으로 받고 다른 것에 마음을 빼

앗기지 않도록 기도합니다. • 김훈

이제 단 한 번의 연습 기회를 남 서두고 아마존을 밟기 전에 무엇이 우선되어야 하겠는가 잠시 긴 호흡을 뱉어 봅니다. 부족한 부분에 조바심도 나고... 내 삶에 산적해 있는 많은 일들을 보며 선교를 가야 할 때인가 하는 생각은 매년 나 자신을 괴롭힙니다. 내 이름이 제목인 내 인생의 소설 속에서 내가 주인공이 될 때마다 모든 짐을 버리고 산속으로 도망가고 싶어집니다. 그러나 그 자리를 예수님께 내어드릴 때 그제서야 심박수가 안정을 찾고 잔뜩 긴장한 어깨에 힘이 빠지는 것을 느낍니다. 평안... 지금은 예수님 손을 꼬-옥 잡을 때임을 깨닫습니다. 날씨, 여행일정, 무서운 벌레보다 더 힘들었던 '관계'에서 이 모양 저 모양으로 상처를 주고받는 와중에 다른 이에게 고스란히 돌려 주기 위해 깨진 유리조각들을 안주머니에 넣고 다니기도 했던 과거를 고백하며 회개하고, 그분이 걸었던 더 좁은 길을 택해 낮아짐이 내 안에 녹아져 흠뻑 젖어들길 소망합니다. 토요모임에서 시간이 허락되면 함께 찬양하고 싶습니다. • 최승철

할렐루야~~ 형제들의 삶의 자리에 펼쳐지는 스토리를 서서히 알아가는 재미가 쏠쏠합니다... 기회가 된다면 배 안에서 서로의 지나온 인생을 나누며 주님께서 우리에게 행하신 감사함들을 나누는 간증의 시간을 가졌으면 좋겠다는 생각입니다. • 허진용

회사에서 직원들에게 일들을 맡기고 정리하고 예상해서 대안을 만드느라 마음이 분주한 가운데 몇 번 다녀오신 분께서도 같은 마음이라고 하시니 위안이 됩니다. 바울에게 주께서 나의 일을 증언한 것같이 로마에서도 증언하여야 하리라고 말씀해 주시고 바울 일행이 이달리야에 가기로 작정되었다는 말씀에 나도 아마존으로 가기로 작정된 것으로 알고 기쁘게 걱정없이 떠나려 합니다. • 이용철

아이고, 저만 지금 발 동동 구르고 있는 거 아니네요. 왜 꼭 선교 가기 전에 더 많은 일들이 회사에서 생기는지 모르겠어요. 어서 빨리 아마존 가는 비행기 타고 싶다는 생각을 한참 하고 있었어요… 함께 나누어 주셔서 감사해요. 위로가 되어요. 좋은 찬양 감사드립니다. • 김주선

중간 기착지인 파나마 세관 신고 작성에 도움이 필요하신 분은 내일 5시부터 도와드릴 수 있으니 일찍 오시기 바랍니다. • 김승철

올해는 비가 많이 와서 많은 인디오 애기들 중에 감기환자가 다수여서 피할 수 없는 상황이었어요. 감 집사님은 같은 방에서 자서 아마 저로부터 감염되었을 것 같아요. • 김훈

감기가 걸린 저를 포함한 노약자들이(?) 민폐를 끼치네요.ㅋㅋ. 상환받아야 하는 지출이 있으면 토요일까지 신청해 주시기 바랍니다. • 김승철

굿모닝! 저는 지금 상파울로 근교 Itu라는 작은 마을에 있습니다. 오늘 큐티말씀 중 사사기 5장 31절에 "주를 사랑하는 자들은 해가 힘 있게 돋음 같게 하시옵소서" 말씀을 묵상하는데 마침 창밖으로 아침 해가 힘차게 떠오르고 있네요. 주를 사랑하는 우리 아마존 선교팀원들의 삶이 그렇게 해가 힘 있게 돋음같이 되길 기도합니다. 매년 선교는 은혜로웠지만, 이번 아마존 여정은 유난히 더 많은 것들을 보여 주셨고 깊은 감동을 주셨습니다. 그 순간순간들이 아침의 고요 속에서 다시 떠오르며 감사와 감격이 밀려와 눈물이 나네요. 긴 여정을 함께 한 지체들이 더욱 귀하게 여겨지네요!!! • 고현종 목사님

할렐루야! 다들 잘 쉬셨는지요? 오늘 쌓인 편지들을 열어 보니 아내 수술이 승인됐다고 보험회사에서 편지가 와 있었습니다. 이제 수술날짜 잡고 수술하면 됩니다. 가장 좋은 방법으로 가장 좋은 때에 응답하시는 하나님께 감사드립니다! • 이병준 목사님

말라리아 약 드실 시간입니다. 오늘이 마지막 날인 거 아시죠? 그동안 약 드시느라고 수고 많으셨습니다 • 기지서

영광교회 선교보고 영상이에요. 오늘 민지 자매가 포르투갈어예배에서 간증을 했고, 일안 집사님은 한국어예배에서 나누셨다고 합니다 • 김주선

아… 아마존! 오늘 새벽에 선교영상을 보며 또 웁니다. 선교를 마친 후 심한 목감기로 거의 2주를 앓았고, 아직도 잔기침이 남아 있습니다. 몸이 약해지니 문득 '내가 언제까지 이 사역을 감당할 수 있을까…' 하는 우울한 생각이 들기도 했습니다. 그런데 아마존 선교 현장을 보니 또 다시 은혜가 밀려오네요! '주님의 나라가 세워지는 것이 나의 평생 소원.' 이 마음으로 다시 아마존으로 가야지요. • 고현종 목사님

맺음말

새벽 두 시에 출발해 경유지에서 열한 시간를 보내고 새벽 네 시에 도착하는 비행기를 타고, 구글지도가 안내하지 않는 도착지를 향해 버스와 배를 여러 번 갈아 타고 아마존 한가운데 있는 선교관에 도착했습니다. 이곳을 개척하고 삼십 년 넘게 헌신하시고 은퇴하신 박 선교사님과 어려움 가운데서 사역을 이어가시는 이 선교사님과 이십 년 넘게 선교팀을 인솔하여 인디오 양육세미나를 이끌어 오신 고 목사님을 떠올리며, 주님의 사랑을 전하려는 그들의 헌신에 깊은 은혜와 도전을 받았습니다.

그곳에서 만난 인디오들은 너무나 사랑스럽고, 자랑스럽고, 귀하고, 친근하며 우리는 예수님 안에서 하나라는 것을 알게 되었습니다. 비록 하는 말은 다르지만 한 성령 안에서 함께 거하고 있음을 깨닫게 되었습니다. 세례를 받는 인디오형제들과 결혼식 양복을 직접 입혀 주게 된 인디오형제들을 위해 이들이 평생 주를 섬기며 살기를, 주께서 이들의 삶에 힘이 되어 주시기를 기도드렸습니다. 평생 처음 해먹에서 자면서 배를 타고 가게 된 마을 방문사역에서는 아마존강물로 씻어야 했고 잠자리도 불편했지만 우리를 기다리고 있는 인디오들과 함께 기도하고 찬양하고 공연한 시간들은 평생 잊을 수 없는 기억이 되었습니다. 불편함 속에서도 아마존강의 광활한 아름다움과 우리를 반겨 주는 무지개와 남십자성이 빛난 별밤은 하나님께서 창조하신 자연의 경이로움을 다시 느끼며 하나님을 더듬어 찾아가는 시간이 되었습니다.

사도행전 말씀으로 준비한 선교여행은 땅끝까지 이르러 내 증인이 되리라는 말씀에 따라 사도 바울의 전도여행이 우리에게 그대로 이루어졌으며, 유두고가 추락한 원인을 잘 상기하며 서로를 돌보아 안전하게 다녀올 수 있는 지침이 되었습니다. 태어난 곳을 떠나 보지 못한 인디오들이 내년에 다시 올 우리를 손꼽아 기다린다는 것을 알기에 나의 마음은 벌써 그들에게 가 있으며 그들을 그리워하며 오늘 하루도 기도하며 지내고 있습니다.

글쓴이

글쓴이 이용철

미국 캘리포니아 어바인에 거주하고 아내와 고등학생 아들이 있는 가정의 가장이며 회계법인을 운영하고 있는 회계사입니다. 미국장로교단(PCA)소속 디사이플교회에 출석하며 교회 다락방에서 순장으로 섬기며 평신도 양육반인도자 역활을 담당하고 있고 주일 주차요원으로 봉사하면서 하루하루를 기쁘게 살며 예수님을 닮아가고자 노력하는 평신도입니다.

●
도서판매수익은 전액 선교사역에 사용되며
도서관련 문의는 ebravebright@gmail.com 으로 연락주시기 바랍니다.